DOCTEUR SOLEIL

Apprendre à Faire Germer des Graines

ET A CULTIVER DE JEUNES POUSSES

EDITIONS SOLEIL
GENEVE

Chez le même éditeur :

Série Alimentation saine :
— ALIMENTATION DE L'ENFANT - Dr Françoise Berthoud
— APPRENDRE A SE DÉTOXIQUER - Dr Soleil
— APPRENDRE A SE NOURRIR - Dr Soleil
— GRAINES GERMÉES - JEUNES POUSSES - Dr Soleil
— VIANDE ET SANTÉ - Dr. John A. Scharffenberg

Série Santé :
— APPRENDRE A MASSER LES PIEDS - Dr Soleil
— APPRENDRE A MIEUX VOIR - Dr Soleil et M. Brofman
— JARDINER ''SOLEIL'' - Ariane Asseo
— LA POLARITÉ, VOS MAINS GUÉRISSENT - Richard Gordon
— QUE FAIRE ? - Aide-mémoire pour les petits maux de la vie
  quotidienne - Dr Soleil
— VACCINER NOS ENFANTS ? - Dr Françoise Berthoud.

Série Développement personnel :
— L'OCÉAN INTÉRIEUR - Olivier Clerc
— VAINCRE PAR LA SOPHROLOGIE - Dr Raymond Abrezol

Série Expériences spirituelles :
— AIMER, C'EST SE LIBÉRER DE LA PEUR - Dr Gérard Jampolsky
— L'INCORRIGIBLE OPTIMISTE - E. Bordeaux-Szekely
— LE GUERRIER PACIFIQUE - Dan Millman
— SAUVÉE DE LA FOLIE - Divaldo Pereira
— UTILISE CE QUE TU ES - Fun-Chang
— LA VIE BIOGÉNIQUE - E. Bordeaux-Szekely
— VIVRE EN HARMONIE AVEC L'UNIVERS - E. Bordeaux-Szekely

Hors-série :
— RIRE, C'EST LA SANTÉ - Dr Samuze
— VIVRE AVEC LES FLEURS - Marie Angel

Catalogue sur demande

Illustrations : Anja Bell - Alain Mermoud
Troisième édition augmentée : 1986
Copyright © 1983 Editions Soleil
3, route de Sous-Moulin - CH-1125 Chêne-Bourg - Genève.
ISBN : 2-88058-034-X

LES EDITIONS SOLEIL

Nous sommes de plus en plus nombreux à désirer nous rapprocher de la nature, donner une part plus grande à la créativité personnelle et vivre pleinement dans un monde en changement constant. Pour cela, il nous faut découvrir les principes de santé et d'harmonie nous permettant d'améliorer notre relation avec nous-mêmes, nos proches et le monde dont nous faisons partie.

Il est possible de développer résistance, dynamisme et joie de vivre en apprenant à concilier les plaisirs et impératifs d'aujourd'hui avec des modifications progressives du mode de vie. Nous possédons en nous le meilleur des médecins. Lorsque, par notre façon de penser, de réagir émotionnellement et d'agir physiquement, nous empêchons ce médecin intérieur d'accomplir son travail, nous nous exposons à des troubles.

Les méthodes de santé sont actuellement multiples et variées. Qu'elles soient issues des traditions anciennes ou des études scientifiques modernes, il est important de percevoir leur complémentarité pour faire ensuite librement ses choix et agir en se prenant en charge.

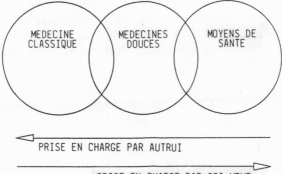

Tel a été le message de la FONDATION SOLEIL qui a œuvré pendant douze ans pour la pédagogie de la santé. Elle a informé le public sur toutes les méthodes (médecine classique, médecines douces, moyens de santé que chacun peut utiliser lui-même), avec le principe de *proposer sans imposer, informer sans prendre parti.*

S'inspirant de cette démarche, les EDITIONS SOLEIL présentent des chemins possibles, montrent des directions, en se situant au-delà des querelles d'école et en respectant les convictions et préférences de chacun. D'un livre à l'autre se multiplient les occasions de prise de conscience et de compréhension. Si les expériences proposées nous attirent, nous sommes invités *à vivre toujours plus au pays du bien-être :* favoriser notre santé et notre épanouissement, développer nos ressources personnelles et notre connaissance de nous-mêmes dans une approche globale tenant compte de toutes les dimensions de l'être humain : physique, émotionnelle, mentale et spirituelle.

Elaborés par un groupe de personnes de tous horizons réunies par leur intérêt pour la pédagogie de la santé, les livres signés "Docteur Soleil" présentent la synthèse des études menées sur un sujet donné. A la portée de tous, ils sont rédigés dans un langage simple et avec humour. Comme tous les livres des EDITIONS SOLEIL, ils ne sont pas destinés à nous intellectualiser davantage, mais à nous inciter à sortir du monde des limitations pour entrer dans une conscience de la vie plus large, plus drôle, plus libre, plus dense et plus palpitante.

Les EDITIONS SOLEIL publient également des cassettes dont la plupart complètent les livres.

Pour tout renseignement :
EDITIONS SOLEIL - 3, route de Sous-Moulin - CH-1225 Chêne-Bourg - Genève - Tél. (022) 49.24.70.

TABLE DES MATIÈRES

Préface

L'alimentation est l'un des problèmes principaux de notre planète. Dans les pays industrialisés, la pollution, les conserves, les produits conditionnés et la surcharge alimentaire affectent la santé des individus d'une façon qui met la société toute entière en péril.

Dans les pays du Tiers-Monde, la sous-alimentation reste, malgré quelques politiques aux résultats encourageants, un handicap majeur. Le poids des habitudes et des structures sociales engendrent un gâchis que l'aide extérieure ne fait en général qu'augmenter.

Dans tous les pays, à l'Est comme à l'Ouest, au Nord comme au Sud, on mange mal, on gaspille les ressources de notre planète et on engendre des maladies physiques et psychiques sans fin. Même la suralimentation des pays nantis est en fait une sous-alimentation : c'est une suralimentation quantitative mais une sous-alimentation qualitative.

Pour se délivrer des habitudes alimentaires suicidaires des sociétés industrielles, pour assurer aux habitants du Tiers-Monde l'apport nutritionnel dont ils ont besoin, il s'agit d'apprendre à utiliser des technologies primaires qui rendent les uns indépendants de la maladie, les autres de la faim. Faire germer des graines représente un moyen d'une extrême simplicité. Cette technique peut être appliquée par n'importe qui, à n'importe quel âge, dans n'importe quel pays, puisqu'il suffit de graines de bonne qualité, d'un peu d'eau et de récipients ou de sacs de toile.

Alors que la longue cuisson nécessaire aux céréales leur fait perdre une grande partie de leurs substances vivantes, la germination, au contraire, augmente leur valeur nutritive et les rend consommables crues ou à peine cuites.

Nous avons appris que, dans certaines sociétés paysannes tant occidentales qu'africaines ou asiatiques, des individus se souviennent que leurs parents ou leurs grands-parents pratiquaient la germination pour se nourrir ou pour nourrir leur bétail. La perte de ce savoir coïncide bien souvent avec l'apparition d'un mode de vie artificiel entraînant une diminution de la santé et de la vitalité des populations.

Apprendre à faire germer des graines peut donc représenter un instrument de santé et de vie de grande valeur à l'échelle planétaire.

Dans cet apprentissage, on peut parfaitement modifier ses habitudes alimentaires d'une façon douce et progressive : sans supprimer quoi que ce soit, on ajoutera des graines germées aux aliments, en quantité croissante, et l'on observera les effets obtenus. Si le bien-être et la vitalité s'accroissent — ce qui est presque immanquablement le cas — on sera naturellement attiré vers des aliments toujours plus sains. D'autre part, le désir d'excitants ou d'aliments stimulants diminuera, voire disparaîtra.

J'apprécie, dans le travail d'information au service de la santé que poursuit la Fondation Soleil, l'attitude non sectaire avec laquelle elle enseigne des moyens d'indépendance dont chacun peut bénéficier.

Puisse ce livre, par sa simplicité, la gaieté de sa présentation et la puissance de son message nutritionnel, connaître le succès qu'il mérite.

Sadruddin Agakhan.

17 janvier 1985

Le Prince Sadruddin Aga Khan est le fondateur et le Président de la Fondation de Bellerive et du Groupe de Bellerive. Il fut Haut Commissaire des Nations-Unies pour les réfugiés et, outre son poste de Consultant Spécial auprès du Secrétaire Général des Nations-Unies, il est engagé dans de nombreuses activités philanthropiques liées au développement, à l'environnement et au Tiers-Monde.

Introduction

Les graines germées et les jeunes pousses sont de remarquables «aliments de santé». Par leur vitalité exceptionnelle, leur richesse en vitamines, minéraux, oligo-éléments, acides aminés, enzymes et autres substances biologiques actives, elles corrigent les carences provoquées par l'alimentation moderne, dénaturée par les procédés industriels. En introduisant, même en petite quantité, graines germées et jeunes pousses dans son alimentation, il devient plus facile de concilier le mode de vie actuel avec le maintien d'une bonne santé.

Les graines germées représentent une alternative remarquable à l'excès de produits animaux qui ruine la santé des pays occidentaux, car elles sont un aliment complet. On pourrait ne manger quasiment que cela, et se nourrir pour quelques francs par mois...

Pourquoi les Graines Germées

1.1. Définition et historique

On appelle graine germée toute graine dont le métabolisme (ensemble des transformations biologiques d'un organisme vivant) se réveille au contact de l'eau, de l'air et de la chaleur et qui se met à croître.

Si l'on plante des graines en train de germer, elles donnent naissance à des tiges et des feuilles qui se chargent peu à peu de chlorophylle : les jeunes pousses. L'histoire nous apprend que les graines germées ont été utilisées dans de nombreuses civilisations au début de leur période d'expansion : de tels aliments procurent une vitalité, une vigueur et une santé remarquables à ceux qui les consomment, contribuant à la santé et au développement de tout peuple les utilisant.

LA VIE RENAÎT SANS CESSE

L'usage de ces aliments vivants se perd lors du déclin de la civilisation considérée.

On trouve la description des techniques de germination dans les écrits des Esséniens, qui vivaient au temps du Christ en Israël et en Egypte. Plus récemment, le capitaine Cook a pu accomplir ses longs périples grâce aux graines germées qui préservaient son équipage du scorbut.

De nos jours, dans la cuisine orientale, une large place est faite aux graines germées. De multiples études de laboratoire ont confirmé les enseignements de l'histoire et prouvé l'immense valeur des graines germées en alimentation, tant animale qu'humaine.

Les procédés industriels de fabrication de la bière sont également fondés sur les techniques de germination.

1.2. Alimentation moderne et graines germées

L'alimentation moderne est pauvre en aliments vivants.

Nombre de denrées consommées viennent de pays lointains et sont acheminées à grand frais jusqu'à nous. Pour qu'elles puissent arriver en bon état apparent sur les rayons de nos supermarchés, elles subissent divers traitements de conservation qui détruisent leur vitalité. Même les fruits frais n'échappent pas à cette règle car ils sont souvent cueillis avant maturité, ce qui implique une importante perte de leur valeur nutritive. L'absence de contacts entre producteurs et consommateurs ne permet pas le contrôle des modes de culture, notamment pour les traitements aux pesticides et aux insecticides.

La culture des graines germées nous permet de résoudre plusieurs de ces problèmes :

1. Les graines se stockent et se transportent facilement sans se dégrader.
2. On peut les faire germer chez soi avec un minimum de travail.

3. Elles sont pleines de vie, riches en vitamines et autres substances biologiques précieuses pour notre santé.
4. Elles sont facilement digestibles et assimilables par l'organisme.
5. Elles procurent une alimentation très bon marché.
6. Le fait de cultiver des graines germées nous permet d'être à la fois producteur et consommateur, capable donc de contrôler fraîcheur et qualité.
7. Les graines germées nous offrent l'occasion de renouer nos contacts avec la nature en devenant des «Jardiniers d'intérieur».

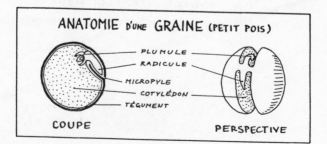

Qu'est-ce que la Germination

2.1. La graine

La graine est constituée d'une enveloppe ou tégument qui protège un embryon comportant une plumule, une radicule et un ou deux cotylédons.

ANATOMIE D'UNE GRAINE (PETIT POIS)

PLUMULE
RADICULE
MICROPYLE
COTYLÉDON
TÉGUMENT

COUPE   PERSPECTIVE

Le tégument est dur et rigide. Il protège l'embryon contre les moisissures et les insectes.

Le micropyle est un pore du tégument qui permet le passage de l'eau nécessaire à la germination.

La radicule est la partie de l'embryon qui formera la racine.

La plumule est un embryon de tige.

Les cotylédons sont des embryons des feuilles. Ils contiennent les réserves nutritives des graines.

2.2. La germination

L'eau est le premier besoin d'une graine qui va germer.

En effet, le tissu végétal normal contient 90% d'eau tandis que la graine n'en renferme que 10%. Pour sortir de son état de repos la graine doit être trempée dans l'eau.

Le temps de trempage dépend du genre de la graine. Par exemple: une graine de tournesol décortiquée (dont on a enlevé le tégument) peut germer après quatre heures de trempage tandis qu'un pois chiche a besoin de près de 24 heures.

Lorsque la graine a absorbé assez d'eau, son métabolisme s'accélère, pour autant qu'elle dispose d'assez d'oxygène et d'une température adéquate (environ 20° C).

Les enzymes s'activent et digèrent les graisses, glucides et protéines des cotylédons pour qu'ils puissent être assimilés par l'embryon en croissance. Le tégument est percé par la radicule qui émerge, suivie de la plumule. A l'obscurité, la plumule s'allonge en cherchant la lumière, sans élaborer de chlorophylle; elle reste donc blanche et tendre. Si la graine est exposée à la lumière, les cotylédons commencent à fabriquer de la chlorophylle qui, par la photosynthèse, transforme de l'énergie solaire en matière végétale.

De son côté la radicule s'allonge et plonge dans la terre où elle puise eau et minéraux. Bientôt la plante vivra des substances qu'elle fabrique par la photosynthèse et de celles qu'elle tire du sol. Elle ne dépendra plus des réserves de la graine.

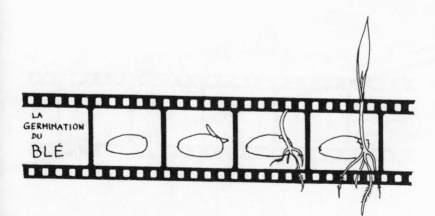

LA GERMINATION DU BLÉ

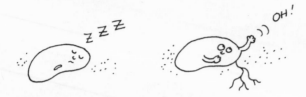

2.3. Physiologie de la germination

La germination correspond à une intense activité métabolique. Plusieurs réactions chimiques ont lieu, dont la synthèse d'enzymes, qui sont des catalyseurs naturels activant les réactions métaboliques. Indispensables à la vie, ils constituent des éléments de vitalité qui participent à l'éveil de la graine. La richesse en enzymes des graines en germination leur confère donc des propriétés exceptionnelles sur le plan nutritionnel.

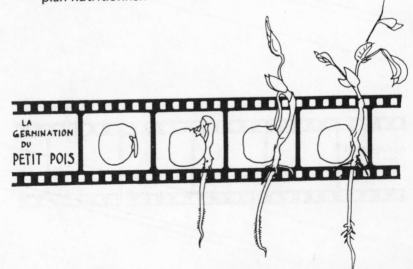

LA GERMINATION DU PETIT POIS

Les enzymes :

- transform l'amidon en sucres simples (glucose, fructose);
- permettent la synthèse d'importantes quantités de vitamines (particulièrement A, B et C) et autres substances biologiques de valeur;
- transforment les protéines en acides aminés et favorisent la synthèse de certains acides aminés qui n'existaient pas dans la graine;
- transforment les graisses en acides gras;
- transforment l'acide phytique et libèrent des minéraux qui deviennent assimilables.

2.4. Transformation de l'amidon

L'amidon doit être réduit en sucres simples pour être assimilé. (Les sucres simples, naturels, sont associés aux éléments nécessaires à leur parfaite assimilation, contrairement aux sucres raffinés qui sont privés de leurs compléments naturels). Les graines germées sont riches en sucres simples parfaitement assimilables; elles facilitent donc grandement le travail digestif de l'organisme. Le tableau ci-dessous montre la diminution d'amidon et l'augmentation de sucres simples (dont la dextrine) pendant la germination du blé.

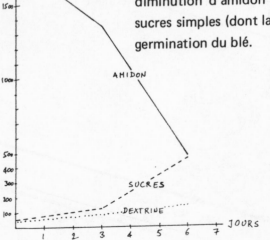

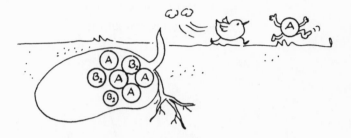

2.5. Synthèse des vitamines

Une véritable explosion de vitamines se produit dans la graine en germination. Comme les graines germées sont mangées crues ces vitamines ne se perdent pas avant la consommation.

Deux exemples : l'augmentation de carotène (précurseur de la vitamine A) dans diverses graines

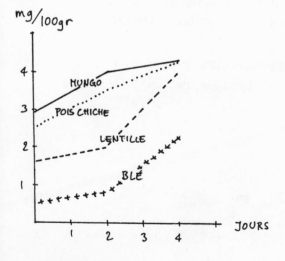

et l'augmentation de vitamines B2 dans le haricot mungo en germination

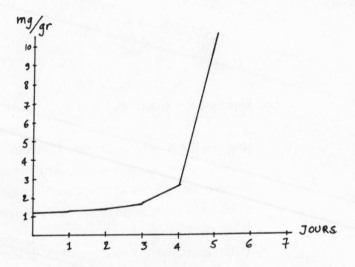

(on peut établir des graphiques du même type avec presque toutes les vitamines).

2.6. Transformation des protéines en acides aminés et synthèse de nouveaux acides aminés

Durant la germination les protéines stockées sont scindées en acides aminés (leurs éléments constitutifs de base) sous l'influence des enzymes ; des acides aminés absents dans la graine peuvent être synthétisés. Les graines germées sont donc une excellente source d'acides aminés. Elles ne présentent pas les inconvénients des protéines d'origine animale (viande, produits laitiers, oeufs) qui sont accompagnées de graisses saturées génératrices de troubles de santé. (Il faut savoir que nous n'assimilons pas les protéines telles quelles ; elles doivent être digérées en acides aminés pour que l'organisme puisse les absorber).

2.7. Transformation des graisses en acides gras

La prédigestion enzymatique des graisses de réserve en acides gras rend les graines germées bien plus digestes que les graines non germées. Ceci est particulièrement intéressant pour des graines comme le tournesol qui est riche en lipides. Les graisses d'origine végétale sont pour la plupart non-saturées et n'entraînent pas les problèmes que créent les graisses saturées.

2.8. Libération des minéraux

Les graines non germées sont souvent riches en acide phytique qui s'attache aux minéraux, les rendant inaccessibles à nos sucs digestifs. Durant la germination, ces acides phytiques sont dégradés et les minéraux deviennent ainsi assimilables par notre intestin.

Toutes ces réactions accroîssent la digestibilité et la valeur nutritive de la graine.

Faire Germer les Graines

3.1. Technique

Mettre quelques cuillères à soupe de graines cultivées biologiquement (en vente dans tous les magasins de santé ou chez les producteurs biologiques) dans un bocal et les recouvrir d'eau pure (c'est pendant ce temps de trempage que la graine absorbe toute son eau) (si vous ne disposez pas d'un filtre enlevant le chlore et les produits chimiques, utilisez de l'eau de source, non gazeuse et faiblement minéralisée, en bouteilles de verre). La quantité de graines dépendra de vos besoins et des dimensions du bocal. Pour l'alfalfa, 4 à 5 cuillères à soupe produiront assez de germes pour remplir un bocal de deux litres en 5 à 6 jours ; le blé, qui change peu de volume et se consomme plus tôt, a besoin de beaucoup moins de place.

Laisser tremper les graines pendant un temps qui varie selon leur provenance, la température de l'eau et celle de la pièce. Voici quelques indications sur le temps de trempage des graines :

graines à trempage long (12 à 24 heures) : azuki, haricots mungo, haricots, pois chiche ;

graines à trempage moyen (10 à 12 heures) : blé, fenugrec, lentilles ;

graines à trempage court (4 heures) : tournesol décortiqué, alfalfa, sésame.

Après le trempage, les graines sont imbibées d'eau et moins dures au toucher.

Recouvrir le bocal d'une toile moustiquaire retenue par un élastique. Vider l'eau du trempage et rincer abondamment sous le robinet avec de l'eau fraîche mais pas trop froide (si l'eau de trempage doit être pure, l'eau du robinet convient pour le rinçage).

Mettre les graines à germer, le bocal incliné à 45% sur un égouttoir avec l'ouverture vers le bas. Il faut que les graines soient réparties le long du bocal et pas toutes entassées contre la toile moustiquaire. Cette position permet le drainage de l'eau et l'aération. Recouvrir les bocaux d'un linge ; les graines préfèrent être à l'abri de la lumière (comme si elles étaient sous la terre).

Rincer deux fois par jour en moyenne.

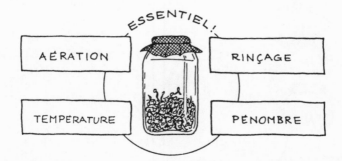

ESSENTIEL!

AÉRATION

RINÇAGE

TEMPERATURE

PÉNOMBRE

Le but du rinçage est d'éliminer les déchets métaboliques des graines et de les maintenir dans un milieu humide. Avec la technique des bocaux, il est plus facile d'assurer un bon rinçage qu'avec un germoir.

On peut aussi faire germer des graines dans des sacs de toile moustiquaire nylon. En rinçant deux fois par jour et en laissant les sacs suspendus au-dessus d'un évier ou d'un égouttoir, il est facile d'obtenir une germination adéquate. Cette technique est idéale pour le camping, les voyages à pied sac au dos (les graines germent pendant que vous marchez !), les croisières en mer, etc.

GRAINES GERMÉES

MATÉRIEL

GRAINES

EAU

TREMPAGE

TOILE MOUSTIQUAIRE

VIDER L'EAU

32

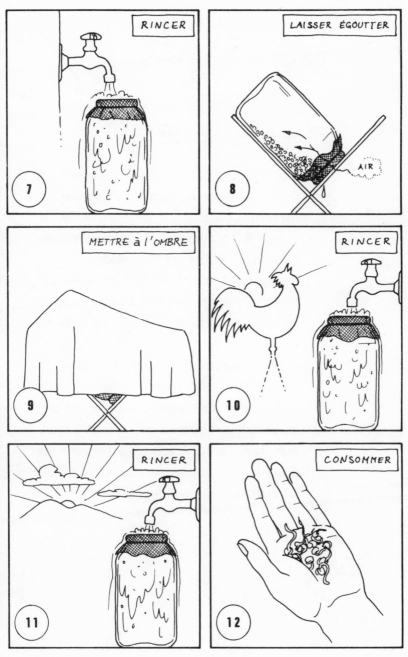

3.2. Cas particulier de l'alfalfa :

Les graines d'alfalfa, après le quatrième jour, sont devenues de petites plantules qui forment un agglomérat inextricable dans le bocal. A ce moment, le rinçage habituel n'est plus efficace, et les graines qui n'ont pas germé et manquent d'air, dégagent une odeur désagréable. Il faut alors procéder à un bain de nettoyage ; vider tout le bocal dans un baquet d'eau fraîche et démêler en douceur les plantules avec la main.

Enlever les enveloppes qui flottent à la surface avec une petite passoire ainsi que les graines non germées qui restent au fond. Bien laver le bocal avant d'y remettre les plantules. Ne pas les entasser et, si nécessaire, les répartir dans deux bocaux.

3.3. Quelles graines faire germer ?

La gamme des graines à germer est vaste. A chacun d'y faire un choix en fonction de ses expériences et goûts personnels.

Il est important cependant que les graines soient issues de cultures biologiques afin d'être exemptes de pesticides et de présenter un pouvoir germinatif complet. Voici une liste de graines utilisées couramment :

Azuki :

L'azuki est un petit haricot rouge originaire d'Extrême-Orient. Son goût est caractéristique sans être fort. On peut consommer les graines après 3 à 5 jours de germination (quand les germes atteignent 1 à 2 cm de long). Les enveloppes rouges peuvent être enlevées en trempant les graines dans un bassin d'eau ; elles flottent à la surface et sont recueillies avec une passoire. Parfois on trouve, parmi les graines germées, quelques graines qui sont restées dures : attention aux dents ! Faites un petit triage avant la consommation.

Alfalfa (Luzerne) :

La reine des salades, savoureuse et croquante ! Elle germe très facilement. On la laisse 4 à 5 jours dans l'obscurité. A partir du 4ème jour et jusqu'à la consommation, les plantules réclament un bain de nettoyage quotidien (voir 3.2.) ; elles atteignent alors 3 à 4 cm de long et on les expose à la lumière pour qu'elles développent leur chlorophylle. Après 2 jours de lumière, elles seront prêtes à être mangées.

Blé :

Le blé est le «porte-étendard» des graines germées. On peut consommer les graines après 2 à 4 jours de germination, quand les germes ont quelques millimètres de long. Ces graines germées ont un goût sucré et agréable et leurs propriétés de santé sont exceptionnelles.

Fenugrec :

Les graines de fenugrec sont souvent utilisées comme assaisonnement. Les germes et jeunes pousses ont un effet dépuratif sur le foie. On les consomme sous forme de graines germées après 3 à 4 jours de germination.

Haricots Mungo (Soja vert) :

C'est le soja germé que vous avez certainement déjà consommé dans un restaurant chinois ou acheté dans un magasin. Très riche en protéines et en vitamines, il a un goût rafraîchissant. On consomme les graines germées après 3 à 4 jours quand elles ont 2 à 4 cm de long. Certaines personnes préfèreront enlever les enveloppes vertes pour obtenir une saveur plus fine. Plus leurs feuilles sont développées, plus leur goût est prononcé. (Voir aussi 4.4.).

Lentilles :

Les lentilles se mangent après 3 à 4 jours de germination quand les pousses ont 1 à 2 cm de long. Elles ont un goût agréable et sont riches en protéines.

Pois Chiche :

Le pois chiche germé se consomme après 2 à 4 jours, quand les pousses ont à peu près 2 cm de longueur. Veiller à rincer abondamment. Les pois chiches constituent un aliment très fortifiant. Pour une saveur plus fine, enlever les enveloppes des graines.

Tournesol :

Le tournesol est la graine la plus facile à faire germer. Décortiqué, il se consomme tout de suite après un court trempage (4 heures). Le tournesol est très riche en protéines et graisses non saturées.

GRAINES GERMÉES : TABLEAU RÉCAPITULATIF

NOM DE LA GRAINE	ASPECT		COULEUR (GRAINE SÈCHE)	TEMPS		REMARQUES
	À SEC	GERMÉ		TREMPAGE	GERMINATION	
AZUKI			ROUGE SOMBRE	12 à 24 h.	3 à 5 j.	BAIN DE NETTOYAGE POUR ENLEVER LES ENVELOPPES. ATTENTION AUX GRAINES NON GERMÉES, TRÈS DURES.
ALFALFA (LUZERNE)			BEIGE-BRUN	4 h.	6 à 7 j.	BAIN DE NETTOYAGE POUR ENLEVER LES ENVELOPPES. DONNE 10 FOIS SON VOLUME DE GRAINES SÈCHES!
BLÉ			JAUNE	10 à 12 h.	2 à 5 j.	SIMPLE À FAIRE GERMER, TRÈS SAIN À MANGER.
FENUGREC			JAUNE	10 à 12 h.	3 à 4 j.	DÉPURATIF DU FOIE. GOÛT UN PEU RELEVÉ.
SOJA			VERT	12 à 24 h.	3 à 6 j.	TRADITIONNEL DE LA CUISINE CHINOISE. BAIN DE NETTOYAGE; ATTENTION AUX GRAINES NON GERMÉES.
HARICOT			VARIÉE	12 à 24 h.	2 à 6 j.	RICHE EN PROTÉINES. BAIN DE NETTOYAGE RECOMMANDÉ.
LENTILLE			VERTE ou BEIGE	12 à 24 h.	3 à 4 j.	GOÛT MARQUÉ. RICHE EN PROTÉINES.
POIS CHICHE			JAUNE-CLAIR	12 à 24 h.	3 à 5 j.	RINCER ABONDAMMENT. ALIMENT TRÈS FORTIFIANT.
TOURNESOL			CRÊME	4 h.	1/2 à 2 j. / 1 j.	UTILISER DES GRAINES DÉCORTIQUÉES. TRÈS SIMPLE À FAIRE GERMER, SAIN À MANGER.

GERMINATION D'AUTRES GRAINES

NOM DE LA GRAINE	TEMPS DE TREMPAGE	GERMINATION	TEMPÉRATURE CONSEILLÉE
ORGE	12 h	2ou ③ 4 j	19° - 27°
MAÏS	12 - 20 h	2 - 3 j	19° - 29°
MILLET	8 - 10 h	3 j	21° - 27°
AVOINE	12 h	3 j	19° - 27°
POIS	12 h	3 j	10° - 22°
CACAHUÈTE	14 h	3 - 4 j	19° - 29°
COURGE	10 h	2 - 3 j	18° - 29°
RIZ	12 h	3 - 4 j	13° - 27°
SEIGLE	12 h	2 - 3 j	10° - 22°
SÉSAME	4 - 6 h	1 1/2 1 - 3 j 36 HRS	19° - 27°

Les graines germées seront consommées telles quelles, ou avec des salades ou d'autres plats (voir chapitre 5); il n'y a pas de quantité minimum ou maximum journalière à respecter : plus on en mange, plus on fournit à son corps des substances vivantes et équilibrées.

Si l'on a produit une quantité de graines dépassant les besoins du jour, on peut les garder au réfrigérateur deux à trois jours (la croissance est ralentie pendant ce temps). Néanmoins, il est toujours préférable de consommer les graines germées fraîches.

LA MINI- REVOLUTION MÉNAGÈRE...

Si l'on attend au-delà du temps conseillé pour la consommation, le goût devient parfois trop fort, voire désagréable. Il n'y a, en aucun cas, à craindre de toxicité : les graines germées sont comestibles à tous les stades de leur développement.

On peut stocker des graines pendant des années dans un endroit sec, à l'abri de la lumière et des rongeurs (par exemple dans des containers ou des bocaux de verre) et des températures trop élevées ou trop basses. Eviter d'ouvrir souvent les récipients de stockage.

Culture des Jeunes Pousses

4.1. Généralités

La culture de jeunes pousses exige un peu plus de temps et d'espace que celle des graines germées. Vous serez cependant récompensés par la beauté des plateaux de verdure qui transformeront votre habitation en jardin d'intérieur. Les jeunes pousses dégagent des ions négatifs qui donnent de la vitalité à l'air. Consommées à l'instant même de leur cueillette, les jeunes pousses chargées de chlorophylle apportent à l'organisme une abondance d'éléments qui favorisent son équilibre.

LA CHOSE LA PLUS BELLE DONT NOUS PUISSIONS FAIRE L'EXPÉRIENCE..

Tout comme les graines germées, les jeunes pousses permettent d'être à la fois producteur et consommateur et de réduire le délai entre la récolte et la consommation à quelques secondes !

4.2. Matériel nécessaire

- plateaux en plastique de quelques centimètres de profondeur ou autres récipients (seaux ou pots);
- terre végétale (que l'on peut trouver dans un jardin ou en forêt);
- terreau organique (que l'on peut acheter dans les «garden center», en vérifiant bien qu'il ne contienne pas d'engrais chimiques);
- petit arrosoir à pomme ou pulvérisateur pour obtenir un arrosage en pluie fine et non en grosses gouttes.

4.3. Comment procéder

Faire tremper les graines comme pour les faire germer, à l'exception du cresson et de la moutarde qui n'ont pas besoin de trempage. Remplir un plateau ou un seau de terre végétale ou de terreau ou d'un mélange des deux. Tasser la terre.

Etendre les graines trempées en une couche unique. Elle ne doivent pas se chevaucher mais recouvrir complètement la surface de la terre.

Bien humidifier la terre avec une fine pluie d'eau.

Couvrir le plateau avec une feuille de plastique noir ou un autre plateau pour maintenir l'humidité et protéger les graines de la lumière.

Contrôler le degré d'humidité tous les jours en découvrant le plateau et en touchant la terre avec le doigt. Humidifier si nécessaire. S'il y a trop d'humidité, les moisissures se développeront plus vite que les graines et les étoufferont. S'il n'y en a pas assez, celles-ci ne pourront pousser.

Après 3 à 5 jours, selon la plante et les conditions extérieures, découvrir le plateau et mettre les jeunes pousses à la lumière, en évitant une lumière directe les premiers jours... les jeunes pousses sont sensibles comme des nouveaux-nés !

Au contact de la lumière solaire, les plantes vont se charger de chlorophylle et, lorsqu'elles ont 2 à 3 cm de hauteur et poussent vigoureusement, on peut les mettre en plein jour, en évitant toutefois une exposition directe au soleil. Les conditions idéales pour les jeunes pousses sont une humidité de 60 à 70 % et une température de 18 à 22° .

Arroser les plateaux matin et soir avec un arrosoir à pomme ou un petit vaporisateur manuel. Ne pas confondre le réseau dense des radicules qui recouvre le sol avec des moisissures ! Celles-ci n'apparaissent qù'en cas d'arrosage trop intense et se signalent par une odeur désagréable.

La délicatesse s'impose car les jeunes pousses sont fragiles et peuvent être cassées par le poids de l'eau d'arrosage.

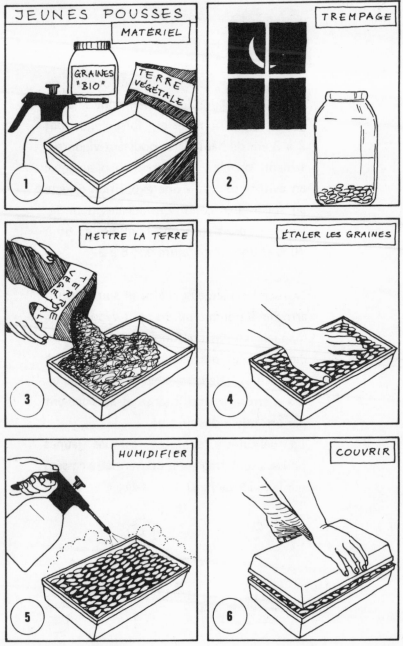

49

On récolte les jeunes pousses à maturité en les coupant avec des ciseaux au ras de la terre. Elles sont prêtes à être consommées après 7 à 12 jours, selon l'espèce. (Après le temps conseillé pour les couper et les manger, les jeunes pousses commencent à perdre leur vitalité et sont donc moins bénéfiques, quoique toujours comestibles). On peut manger les pousses mélangées à une salade ou les broyer pour en faire du jus d'herbe. Même prises en petites quantités, elles apportent chlorophylle, vitamines, enzymes, acides aminés, sucres naturels, graisses non saturées et d'innombrables substances biologiques actives.

On peut ainsi planter du blé, du tournesol non décortiqué, du sarrasin, du cresson, de la moutarde, du fenugrec, des lentilles, des pois, etc... ou des plantes en pots qui procureront une verdure fraîche : gousses d'ail (on consomme les jeunes pousses), oignon, carotte (pour les fanes), betterave, plantes aromatiques de toutes sortes.

4.4. Culture sans terre

Il existe une autre façon de cultiver des jeunes pousses, sans utiliser de terre. Acheter pour cela un bac vendu avec une grille et un couvercle. Remplir le bac avec de l'eau tiède jusqu'au niveau indiqué, à environ 1 cm en-dessous de la grille ; placer la grille et déposer dessus les graines trempées en une couche unique. (Il ne faut pas que les graines soient en contact direct avec l'eau).

UNE VIE QUE L'ON NE CHERCHE PAS À COMPRENDRE N'EST PAS DIGNE D'ÊTRE VÉCUE

Laisser le bac couvert pendant trois jours puis mettre à la lumière. Rajouter de l'eau jusqu'à atteindre le niveau de la grille (l'eau doit toucher la grille). Vaporiser occasionnellement les pousses. Les bacs seront gardés dans un lieu aéré (mais sans courants d'air !). Si l'aération est insuffisante, il y a danger de voir apparaître des moisissures.

Après la cueillette, on nettoie la grille et le bac qui peuvent être réutilisés.

Cette méthode présente l'avantage de pouvoir se passer de terre. La qualité des jeunes pousses n'est pas diminuée.

Exemple pratique : le cas du soja vert.

La méthode de la culture sans terre s'applique très bien pour obtenir de belles pousses de soja, comparables à celles du commerce.

On aura soin de respecter les quelques conseils suivants :

1) Faire tremper les graines de 12 à 24 H.
2) Les étaler sur le grillage.
3) Les couvrir avec un linge éponge humide qui procure le poids indispensable pour avoir des pousses bien droites.
4) Maintenir une obscurité complète pour garantir la finesse du goût.

   N.B. . Dans le cas du soja, on mange aussi les racines, ce qui n'est pas le cas avec les autres jeunes pousses.

4.5. Quelles jeunes pousses peut-on cultiver ?

Tournesol (utiliser des graines non décortiquées) :

Le tournesol trempé puis placé sur un plateau de terre a besoin de 4 à 5 jours d'obscurité, selon la qualité des graines. Après ce temps, on le place à la lumière et il est prêt à la consommation après 8 à 9 jours. On peut le garder 2 à 3 jours de plus en l'arrosant généreusement.

VITALITÉ MAXIMALE...

Sarrasin (utiliser des graines non décortiquées) :

Le sarrasin nécessite 3 à 4 jours d'obscurité ; il est prêt à la consommation après 7 à 8 jours. Il a besoin d'un arrosage régulier mais moins abondant que le tournesol.

Cresson :

Le cresson pousse très rapidement ; on met les graines directement sur la terre, sans trempage préalable ; après 2 à 3 jours on les mettra à la lumière du jour, et elles seront prêtes à être mangées après 5 à 6 jours. Il faut arroser avec un vaporisateur en faisant attention aux petites pousses qui supportent mal le poids de l'eau et éviter de trop arroser.

Moutarde :

La plus épicée des jeunes pousses. Comme le cresson, les graines de moutarde n'ont pas besoin de trempage. Elles grandissent de façon irrégulière en prenant plus de temps que le cresson : 3 à 4 jours à l'obscurité, prêtes à la consommation après 7 à 8 jours. Les pousses de moutarde sont plus résistantes que les pousses de cresson : elles supportent bien le poids de l'eau mais, comme lui, préfèrent néanmoins ne pas trop en recevoir.

Blé :

D'une puissance étonnante, le blé n'a pas besoin de soins spéciaux. Il supporte aussi bien l'excès que le manque d'eau. Après 3 jours à l'obscurité, on le met à la lumière et il sera prêt à la consommation après 6 à 10 jours. Il suffit de l'arroser 1 fois par jour.

Lentilles :

La plus élégante des jeunes pousses ; 3 à 4
jours d'obscurité. Prêtes à la consommation
au huitième jour. Arrosage soigneux 2 fois
par jour jusqu'à sa consommation.

Fenugrec :

Il nous vient de l'Orient et pousse très facilement. Après 3 jours d'obscurité, il est
prêt à être mis à la lumière et on le consomme le sixième ou le septième jour après
la plantation. Eviter un arrosage trop abondant.

JEUNES POUSSES : TABLEAU RÉCAPITULATIF

NOM DE LA GRAINE	ASPECT À SEC	POUSSE	GOÛT	TEMPS OMBRE	LUMIÈRE	REMARQUES
TOURNESOL			CROQUANT ET SAVOUREUX	4-5 j	3-5 j	GRAINES NON DÉ-CORTIQUÉES; PRÉ-FERRER LES NOIRES. TÉGUMENTS NON COMESTIBLES. ARRO-SAGES FRÉQUENTS.
SARRASIN			DÉLICAT	3-4 j	4-5 j	GRAINES NON DÉ-CORTIQUÉES; NE PAS CONSOMMER LES TÉGUMENTS. TIGES FRAGILES.
CRESSON			FORT	2-3 j.	3-4 j.	PAS DE TREMPAGE PRÉALABLE DES GRAINES. ARRO-SAGE PRUDENT.
MOUTARDE			PIQUANT	3-4 j.	4-5 j.	PAS DE TREMPAGE PRÉALABLE DES GRAINES. ARRO-SAGE MODÉRÉ.
BLÉ			LÉGÈREMENT HERBEUX	3 j.	6-10 j.	CONSOMMER FI-NEMENT HACHÉ, OU SOUS FORME DE JUS.
LENTILLE			LÉGÈREMENT ACIDULÉ	3-4 j.	4 j.	ARROSER RÉ-GULIÈREMENT; CULTURE PLUS DÉLICATE.
FENUGREC			LÉGÈREMENT PIQUANT	3 j.	3-4 j.	POUSSE TRÈS FACILEMENT. AR-ROSAGE MODÉRÉ.

INFLUENCE DES CONDITIONS EXTÉRIEURES SUR LA CROISSANCE DES JEUNES POUSSES

AU DESSUS:	LES MOISISSURES CROISSENT PLUS VITE QUE LES JEUNES POUSSES.
IDÉAL :	TEMPÉRATURE DE 18 À 22°C. HUMIDITÉ DE 60 À 70%.
AU DESSOUS:	LA CROISSANCE EST RALENTIE (PARFOIS MÊME INTERROMPUE)

Recettes

5.1. Généralités

Il existe de nombreuses manières de consommer et d'apprécier graines germées et jeunes pousses. Vous trouverez ici quelques idées qui stimuleront votre imagination. Cependant, trois règles de base sont à retenir :

- Ne pas cuire les graines germées, elles perdraient toute leur valeur d'aliment vivant.

- Ne pas mélanger graines germées et produits animaux (viande, produits laitiers, oeufs), cela surchargerait votre digestion.

- Ne pas mélanger fruits et légumes au même repas.

5.2. Les salades

Les graines germées permettent de transformer les salades en «plats complets» apportant à l'organisme les minéraux, vitamines, protéines, graisses et sucres naturels dont il a besoin, sous forme d'aliments vivants.

Table de salades

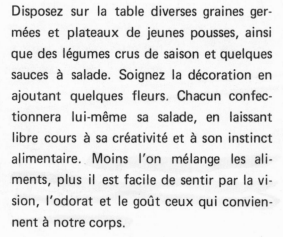

Disposez sur la table diverses graines germées et plateaux de jeunes pousses, ainsi que des légumes crus de saison et quelques sauces à salade. Soignez la décoration en ajoutant quelques fleurs. Chacun confectionnera lui-même sa salade, en laissant libre cours à sa créativité et à son instinct alimentaire. Moins l'on mélange les aliments, plus il est facile de sentir par la vision, l'odorat et le goût ceux qui conviennent à notre corps.

L'arc-en-ciel de salades

5.3. Les sauces à salade

1. Sauce aux carottes et aux noisettes

Mélanger au mixer :
- 1 décilitre de jus de carotte
- 3   «   de noisettes broyées fine-
  ment.

On peut varier ces proportions pour obtenir une sauce plus ou moin li-quide. Le jus de carotte peut être rem-placé par du jus de tomate, d'épinard, de céleri ou de betterave rouge ; les noisettes par du tournesol germé, des noix de cajou ou des amandes.

2. Sauce aux courgettes

Mélanger au mixer :
- 1 courgette blanchie puis réduite en purée
- 150 gr de tournesol germé broyé
- ajoutez de l'eau jusqu'à la consistance désirée
- 1 demi gousse d'ail pressée et un peu de persil hâché

3. Sauce aux avocats

Mélanger au mixer :
- 2 avocats coupés en morceaux
- le jus de 500 gr d'épinards
- 1 cuillère à café de sauce de soja fermenté (tamari)

4. Sauces individuelles

Pour permettre à chacun de confectionner la sauce qui lui convient, disposez sur la table du tamari (le tamari
remplace le sel, dont il n'a pas les inconvénients sur le plan de la santé), des
citrons, des herbes aromatiques (fraîches ou séchées), des huiles végétales
pressées à froid dans lesquelles vous
aurez mis des herbes aromatiques à
tremper (ex. : huile d'olive avec sauge,
huile de tournesol avec romarin, huile
de chardon avec ail) et des vinaigres naturels variés (ex. : vinaigre de pomme,
de vin, de fleurs, vinaigre avec de l'es-
tragon ou des échalottes trempées).

5.4. Plats de résistance

Voici deux exemples de plats consistants préparés à base de graines germées, et issus des cuisines traditionnelles orientales. On peut s'en inspirer pour créer d'autres recettes en laissant libre cours à son imagination.

Les quantités données sont prévues pour 4 personnes :

1. Tabouli

- 2 tasses de blé germé
- 1/2 « d'oignon hâché fin
- 1/2 « de poivron rouge
- 1/2 « de feuilles de persil hâchées
- 1/2 « de feuilles de menthe hâchées
- 1/2 « de céleri hâché

Ajoutez un peu de tamari comme assaisonnement. On peut utiliser, pour manger le tabouli, des feuilles de laitue romaine en guise de cuillère.

2. Hummus (ou humous)

- 125 gr de pois chiche germé
- 1-2 gousses d'ail
- 2 cuillères à soupe de jus de citron
- 2 « « de tahini (purée de sésame)
- 4 cuillères à soupe d'huile d'olive
- 1 « à café de kelp (algues séchées) broyé

Mélangez et broyez tous les ingrédients. Servez froid sur des feuilles de laitue romaine. Saupoudrez de menthe hâchée.

5.5. Canapés

1. Canapés à l'alfalfa

- 1 endive à grosses feuilles
- 4 poignées d'alfalfa germé
- sauce carotte-noisettes

Lavez et séparez les feuilles d'endives.
Mélangez l'alfalfa avec une sauce de
carottes et noisettes. Garnissez les feuilles d'endive avec ce mélange.

2. Rouleaux de printemps

- algues sèches en feuilles
- 2 tasses de noix de cajou
- 1 cuillère à café de tamari
- 3 tasses de lentilles ou tournesol
  germés.

Mélangez les trois derniers ingrédients
et broyez-les. Coupez les algues sèches
en feuilles de 10 x 10 cm. Mettez le
broyat sur une feuille d'algue et faites-
en un rouleau. Servez sur un lit de salade verte.

5.6. Autres recettes

1. Pain Essénien

Prenez du blé germé d'un jour (ou un mélange de 1/2 blé, 1/2 lentilles), broyez-le grossièrement ou écrasez-le au pilon. Étendez la pâte sur un plateau en une couche mince. Laissez sécher au soleil ou sur un radiateur. Découpez en petites galettes. On peut varier cette recette en ajoutant des raisins secs et des noisettes broyées ou des herbes aromatiques.

2. Purée de tournesol

    - 2 tasses de tournesol germé
    - 3 cuillères à café de levure naturelle
      en poudre ou en paillettes
    - tamari (plus eau si nécessaire)
    - un peu d'origan

    Broyez le tout. La purée peut être man-
    gée en pâte à tartiner ou servir de sauce
    dans laquelle on trempe des bâtons de
    carottes ou tout autre légume cru.

3. Tournesol fermenté

    Cette recette permet d'introduire le
    concept de la fermentation. Prendre
    une tasse de tournesol germé puis
    broyé. Couvrir et conserver dans un
    endroit chaud. Après environ 4 heures
    le contenu devient légèrement acidulé
    et peut être consommé. On l'utilise

comme la purée de tournesol, en ajoutant plus ou moins d'eau suivant la consistance désirée.

Les graines germées fermentées sont très digestes et, selon le degré de fermentation, elles présentent une variété de goûts intéressants à découvrir et à utiliser pour faire des sauces et pâtés originaux !

4. Gaspacho

- 1 kg de tomates mûres
- 1/2 concombre pelé
- 1 branche de persil
- 2 branches de céleri
- 1 tasse de tournesol germé et broyé

Pelez les tomates. Passez le tout au mixer puis servez froid, avec du tamari présenté séparément.

La «cuisine vivante» est facile à faire : à partir de produits de base non dénaturés, il s'agit de suivre votre intuition et de faire des expériences culinaires. En laissant s'exprimer les ressources de votre créativité et en développant votre sensibilité, vous ferez de votre cuisine un lieu de gaieté et d'innovation constante !

5.7. Quelques boissons préparées avec des fruits ou légumes et des graines germées ou jeunes pousses

Mélanger les fruits ou légumes et les graines germées ou jeunes pousses, puis passer au mixer. Servir froid.

1. Jus de tomate, jus de carotte ou d'autres légumes avec :

   - alfalfa germé ou
   - lentilles germées ou
   - pousses de fenugrec ou
   - pousses de tournesol

2. Jus d'orange, de pomme ou d'autres fruits avec tournesol germé

3. Rejuvelac

Mettre 3 cuillères à soupe de graines de blé germé broyé dans 1 litre d'eau pure. Laisser fermenter 24 à 36 heures. Filtrer et jeter les graines. Boire le rejuvelac nature (goût légèrement acidulé) ou avec un peu de miel ou de sirop d'érable.

Le rejuvelac peut aussi être mélangé à des oléagineux ou des graines germées broyées pour confectionner des préparations fermentées. (Le rejuvelac accélère la fermentation).

5.8. Quelques douceurs

1. Tournesol et sirop d'érable («Coup de pouce Soleil»)

Mettez quelques graines de tournesol germé dans un verre et ajoutez un peu de sirop d'érable. Mélangez le tout. Un délicieux goûter !

2. Bircher «Soleil»

Faites tremper quelques fruits secs et oléagineux (raisins secs, figues, amandes, noisettes) dans un peu d'eau pendant une nuit. Ajoutez du blé germé, de la pomme râpée, des fruits frais.
Ce bircher vous apporte des éléments nutritifs équilibrés, plus énergétiques et plus faciles à digérer que les préparations à base de céréales moulues ou cuites.

A partir de graines germées, de fruits frais, de fruits secs et d'oléagineux trempés, une grande variété de «douceurs» peuvent être facilement préparées. Elles permettent de remplacer les pâtisseries, chocolats et bonbons par des aliments sains.

5.9. Remarque

Chaque variété de graines germées contient une proportion particulière de vitamines, minéraux, protéines, etc. De plus, à chaque stade de la germination, les quantités de substances biologiques changent. C'est pourquoi il est utile de se laisser guider par l'instinct alimentaire qui nous indique, principalement par l'odorat et le goût, si un aliment correspond aux besoins de notre corps. (Ainsi, par exemple, si nous manquons de fer, les lentilles germées auront un goût délicieux !).

Notre instinct fonctionne parfaitement, pour autant que notre organisme ne soit pas trop intoxiqué. Si tel est le cas, il faudra pratiquer une «diète de nettoyage» avant de pouvoir sentir la réponse instinctive aux aliments présentés.

Le Jardinier d'intérieur

Cultiver des graines germées et des jeunes
pousses nous transforme en jardinier d'intérieur.

Personne ne peut rester longtemps insensible à la beauté d'une graine qui s'éveille ou d'une jeune pousse qui jaillit de la terre. Les avantages du jardin d'intérieur ne sont donc pas uniquement situés sur le plan de l'alimentation. Un jardin d'intérieur nous permet de reprendre contact avec la nature et de la faire entrer dans notre logis. Le travail avec les graines et les jeunes pousses devient un moment quotidien de détente, une activité qui, par le contact avec la nature, «recharge nos batteries».

On sait que l'attitude du jardinier influence les plantes : plus celui-ci est paisible et sensible, plus les plantes répondent en poussant avec vigueur et beauté. Dans ce dialogue, nous apprenons à être réceptifs aux innombrables leçons de la nature qui, généreusement, nous livre ses secrets de vie et d'harmonie.

Annexe 1

Le compost d'intérieur

Lorsque l'on a consommé les jeunes pousses, il reste un plateau rempli de terre et de racines enchevêtrées; plutôt que de les jeter, on peut les utiliser pour faire du compost. Il n'est pas indispensable de disposer d'un jardin pour cela; on peut recycler ses déchets de plateaux et de crudités à l'intérieur même d'un appartement. On prendra une poubelle en plastique de 25 à 50 l. (ou plusieurs, selon la quantité de déchets à recycler); on en percera le fond et les côtés de plusieurs petits trous de 1 cm de diamètre, régulièrement répartis, pour permettre une bonne aération du contenu (les micro-organismes qui digèrent les déchets ont besoin d'oxygène pour effectuer leur tâche !). Poser la poubelle sur 2 carrelets de bois (pour l'aération par le fond) reposant sur une feuille de plastique, ou un plateau, pour parer à un éventuel écoulement de liquide. Mettre une couche de terre ou de terreau organique au fond du récipient et y ajouter 4 ou 5 vers de terre (précieux auxiliaires du compostage qu'on peut acheter dans des magasins d'articles de pêche). Faire ensuite une couche composée de fonds de plateaux (déchirés pour en accélérer la décomposition) puis une couche de déchets de fruits ou de légumes crus. Recouvrir d'une nouvelle couche de terreau, puis de fonds de plateaux et de déchets crus, et ainsi de suite jusqu'à ce que la poubelle soit pleine. Arroser si nécessaire (le compost doit rester humide, sans être mouillé). Après une semaine, aérer le compost en y perçant des trous verticaux à l'aide d'un manche en bois. Au bout de 3 à 4 mois, le contenu sera transformé en un excellent compost plein de vitalité, pouvant être utilisé pour le remplissage des plateaux, en mélange avec de la terre végétale.

Certaines plantes ont la propriété d'aider le compostage: les principales sont l'ortie (Urtica dioica) et la grande consoude (Symphytum officinalis); quelques poignées de feuilles d'ortie ou de consoude ajoutées au contenu de la poubelle accroîtront la vitesse du compostage et la qualité du produit final. Des activateurs de compostage sont disponibles dans le commerce; on choisira ceux qui sont 100 % organiques (poudre de fougères, poudre d'algues).

Des vers de terre (vers rouges de Californie de préférence) peuvent être utilisés pour intensifier le compostage.

On peut faire son compost sur le balcon (pour autant que la poubelle soit abritée des extrêmes de chaleur et de froid par quelques couvertures ou un bâti de bois recouvert d'isolant) ou dans la cave.

UNE FONTAINE
D'ÉNERGIE...

COMPOST D'INTÉRIEUR

MATÉRIEL

1. TERREAU OU TERRE VÉGÉTALE

PERCER

2.

INSTALLER

3.

1ᵉ COUCHE : TERRE + VERS

4.

2ᵉ COUCHE : FONDS DE PLATEAUX

5.

3ᵉ COUCHE : DÉCHETS DE CUISINE

6.

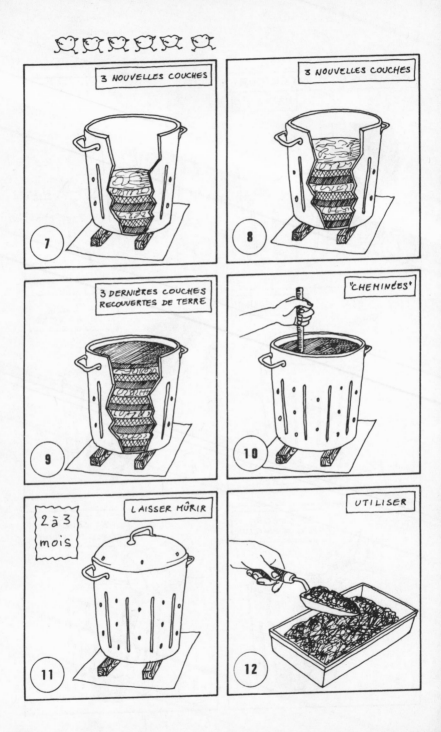

La présence de quelques moucherons est inévitable. Par contre, s'ils sont présents en grand nombre, ou si une odeur désagréable se fait sentir, ce sont des signes d'asphyxie et de déséquilibre.

Enfin, pour celui qui produit des jeunes pousses de façon continue, le compostage d'intérieur nécessite un roulement : il faut 5 poubelles de même taille, de façon à pouvoir les remplir en 5 semaines. Lorsque la première est pleine, on remplit la deuxième, et ainsi de suite jusqu'à la cinquième. A ce moment, le contenu de la première, remplie 20 semaines auparavant, est prêt à être utilisé pour le remplissage des plateaux; et lorsque la cinquième poubelle est pleine, la première devrait être vide, prête à être remplie par de nouveaux déchets... et le contenu de la deuxième prête à l'usage. On peut procéder ainsi pendant 2 ans. A la fin de cette période, un renouvellement complet du compost assurera une vitalité maximum.

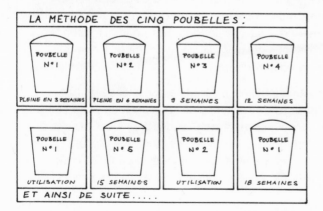

Annexe 2

Questions-Réponses

Utilisation des graines germées et des jeunes pousses : réponses aux questions les plus fréquentes.

QUESTION : *Existe-t-il des études scientifiques et des analyses prouvant l'intérêt des graines germées pour équilibrer l'alimentation ?*

REPONSE : Les graines germées constituent un aliment d'une richesse exceptionnelle en substances vitales. Pendant la germination les vitamines, enzymes, oligo-éléments et substances biologiques de toutes sortes qui sont contenus dans la graine augmentent d'une façon tout à fait stupéfiante. De nombreuses analyses scientifiques en font foi (voir en particulier les ouvrages d'Edmond Bordeaux-Szekely, d'Ann Wigmore, de Victor Kulvinskas et d'autres auteurs).

Le professeur David Beguin, du Département de Nutrition Humaine de l'Université de Washington (WSU) aux USA, expliquait en 1984, après plusieurs années d'études scientifiques sur les graines germées, que celles-ci représentent un aliment extraordinaire tant pour équilibrer la santé des habitants des pays surdéveloppés que pour permettre à ceux des pays sous-développés de se nourrir de façon optimum pour un côut dérisoire.

Il est frappant néanmoins, pour qui a conscience de l'intérêt des graines germées sur le plan nutritionel, de constater le nombre relativement modeste d'études pratiquées par des instituts de recherche sur ce sujet. Le jardinage d'intérieur, il est vrai, rend le consommateur plus indépendant de l'industrie alimentaire. Or, le plus souvent, c'est elle qui finance, directement ou indirectement, la recherche scientifique. Lorsqu'il n'y a pas de profit en perspective les crédits font défaut.

En plus il ne faut pas oublier que la démarche scientifique analytique ne date que de quelques décennies. De nos jours encore, la science ne peut observer dans de bonnes conditions que des matières inanimées. Pour pouvoir doser une substance on doit, en général, immobiliser les transformations qui se produisent à tout moment dans la matière vivante, ce qui se fait en chauffant le produit ou en le tuant par des fixatifs chimiques. Avant la découverte des vitamines, on pensait, de toute bonne foi, que le cuit valait le cru et la diététique moderne s'est bâtie sur des idées quantitatives plus que qualitatives. Les enzymes, qui sont détruits par la cuisson, sont indispensables au bon fonctionnement de notre corps ; leur découverte est relativement récente ; l'importance de leur présence en quantité suffisante dans l'alimentation est encore fortement sous-estimée. La nature a élaboré des milliers et des milliers d'autres molécules actives que la science ne connaît pas encore mais qui sont cependant absolument capitales pour assurer l'harmonie de nos fonctions physiologiques. Au lieu d'attendre tout de la science, nous pouvons apprendre à utiliser les ressources du plus grand laboratoire scientifique du monde, à savoir l'usine végétale qui produit les aliments vivants dont notre corps à besoin.

L'alimentation moderne, par les procédés de raffinage et les manipulations industrielles, par la cuisson et l'excès de produits animaux, entraîne des carences qui disparaissent comme par enchantement lorsque l'on consomme des fruits et légumes crus ainsi que des graines germées. De notre façon de nous nourrir dépend notre bien-être physique, émotionnel, mental et spirituel. En découvrant les ressources des graines germées, chacun peut faire l'expérience d'une vitalité et d'une résistance en constante expansion. Faire confiance aux aliments que la nature prépare pour nous depuis des millions d'années entraîne infiniment moins de risques que croire aveuglément les théories diététiques et les dogmes scientifiques de notre temps. Car, comme le disait Thomas Edison : "jusqu'à ce que l'homme puisse parvenir à fabriquer un brin d'herbe, la nature ne peut que rire devant les prétentions de ses connaissances scientifiques. Les produits chimiques ne pourront jamais soutenir favorablement la comparaison avec les éléments fabriqués par la nature, avec les cellules vivantes des plantes qui sont la création des rayons du soleil, le père de toute vie. Lorsqu'ils sont correctement utilisés, les éléments naturels permettent l'élimination des poisons et des déchets qui se sont accumulés dans l'organisme. Ces éléments soutiennent la nature dans son combat contre la maladie alors que les agents chimiques, qui ne correspondent pas aux structures biologiques de notre organisme, ne peuvent qu'accroître l'accumulation de substances morbides et ne donner d'amélioration apparente que par la suppression des symptômes''.

QUESTION : *Pourrait-on se nourrir en ne mangeant que des graines germées et des jeunes pousses ?*

REPONSE : De nombreuses personnes l'ont fait. Ainsi Ann Wigmore, la fondatrice de l'Institut Hippocrate, à Boston, ne se nourrit pratiquement que de graines germées, de fruits et de légumes crus depuis une trentaine d'années. Elle s'est mise à ce régime alors qu'elle souffrait d'un cancer et de diverses maladies dont elle s'est ainsi guérie. Elle est maintenant âgée de 75 ans et parcourt le monde pour enseigner les ressources de l'alimentation vivante. Son entrain et sa forme physiques sont plus parlants que de longs discours !

Des sportifs ont fait l'expérience d'une alimentation uniquement composée de graines germées pendant quelques semaines ou quelques mois avec des résultats remarquables. Des milliers de malades se sont guéris de maladies graves en ne mangeant, pendant quelques mois, que des aliments vivants. Des livres relatent leurs expériences.

QUESTION : *Peut-on vraiment complètement se passer de produits animaux ?*

REPONSE : Croire que nous ne pouvons vivre sans produits animaux est une illusion. Les végétaux peuvent fournir à notre corps tous les éléments dont il a besoin. Il est même plus difficile d'avoir une alimentation équilibrée avec des produits animaux comme base de l'alimentation qu'avec une alimentation végétale variée.

Il faut savoir que dans les graines germées, les acides aminés (qui constituent, lorsqu'ils sont mis bout à bout, les protéines) sont apportés à l'organisme avec toute une série de substances biologiques vitales qui facilitent leur assimilation et leur bonne utilisation. L'introduction progressive de graines germées dans l'alimentation permet de diminuer très facilement la consommation de viande sans souffrir de réactions de sevrage. Pour un occidental, il est capital d'apprendre à diminuer, voire supprimer la viande, qui représente un facteur toxique aussi important que la cigarette.

QUESTION : *Pour avoir une alimentation équilibrée, quelle quantité de graines germées et de jeunes pousses faut-il consommer chaque jour ?*

REPONSE : Il n'y a pas de quantité standard. Il n'y a d'ailleurs pas d'individu standard, chaque être humain étant un modèle unique ! En introduisant, en quantité progressive, des graines germées, des jeunes pousses et d'autres aliments vivants dans notre alimentation quotidienne, nous sentons toujours plus facilement les besoins de notre corps, car notre instinct alimentaire se réveille lorsque notre organisme se dépollue.

Il peut se produire, chez quelqu'un qui n'a pas l'habitude de consommer de graines germées, un léger effet de stimulation. Ceci est dû à leur forte teneur en vitamine C. Il est donc préférable d'éviter, au début, d'en consommer de grandes quantités au repas du soir afin de ne pas avoir d'insomnie.

En augmentant sa ration quotidienne de graines germées, chacun peut faire l'expérience d'un accroissement de la vitalité, d'une disparition de la fatigue et des problèmes de digestion.

Il ne s'agit pas de faire des graines germées une sorte de panacée et d'"entrer en religion" en devenant les adeptes d'une secte alimentaire mais bien de faire des expériences personnelles. Celles-ci nous permettent de prendre conscience des rapports de cause à effet entre le genre d'aliments que nous consommons et notre état de bien-être ou de mal-être.

QUESTION : *Les graines germées peuvent-elles engendrer des problèmes digestifs ?*

REPONSE : Les aliments vivants sont très faciles à digérer, à assimiler et à utiliser par notre organisme. Ils représentent pour l'adulte ce que le lait maternel est pour le nourrisson. Les graines germées peuvent être données à des personnes ayant un tube digestif détérioré et incapables de supporter les autres aliments crus. Leur richesse en enzymes évite à l'organisme de devoir mobiliser ses propres enzymes. Avec les graines germées et les autres aliments vivants, il ne se produit pas de leucocytose post-prandiale (élévation du taux de globules blancs dans le sang, traduisant l'effort imposé au corps par l'alimentation dite normale).

QUESTION : *Les graines germées peuvent-elles faire grossir ?*

REPONSE : La principale raison d'une prise de poids n'est pas tellement le nombre de calories ingérées que l'intoxication du corps qui n'élimine plus les substances inutiles. Un organisme qui fonctionne bien, brûle tout excès d'aliments. Si les organes d'élimination sont surchargés, combustions et évacuation des déchets ralentissent, et des substances indésirables restent alors dans le corps (graisses, cellulite, dépôts articulaires, etc...). Les graines germées sont très riches en fibres végétales, indispensables à un bon fonctionnement intestinal. Elles exercent une fonction de "balai de ramoneur" dans une cheminée. Avec une alimentation raffinée et riche en produits animaux, les fibres végétales sont en quantité insuffisante ; des troubles digestifs apparaissent alors (constipation, gaz, douleurs) ; ils sont les premiers signes de l'intoxication qui mènent aux maladies aiguës et chroniques.

Les excitants (thé, café, sel, sucre, nicotine, alcool, produits chimiques, etc...) ont un effet paralysant sur l'activité des globules blancs qui jouent un rôle capital dans la détoxication de notre organisme. Plus l'on consomme de ces substances, moins les activités d'auto-nettoyage du corps peuvent se faire. Un organisme intoxiqué tente de se dépolluer par des maladies aiguës qui correspondent à des efforts positifs pour intensifier l'élimination. Plutôt que d'en supprimer les symptômes désagréables par des médicaments chimiques, il est préférable d'aider le "médecin intérieur" à faire son travail de guérison. Une fois détoxiqué, l'organisme va automatiquement s'ajuster au poids optimum pour chacun.

QUESTION : *Y a-t-il un danger à passer, d'une façon brusque, d'une alimentation traditionnelle à une alimentation vivante ?*

REPONSE : Il est préférable d'opérer une transition par paliers en augmentant progressivement la quantité d'aliments vivants. Sinon des crises d'élimination peuvent survenir : lorsque l'organisme dispose soudain d'une grande quantité de substances vitales, il peut déclencher des actions de nettoyage utiles mais quelque peu désagréables !

QUESTION : *L'homme est-il omnivore (mangeur de tout) ou frugivore (mangeur de fruits) et granivore (mangeur de graines) ?*

REPONSE : En fait, de par sa constitution anatomique, l'homme est un frugivore-granivore susceptible d'être occasionnellement omnivore ! Cela signifie qu'il peut manger de tout à condition d'avoir une alimentation végétale de base et de ne consommer de produits animaux qu'en petites quantités. On sait que les maladies de civilisation (cancer, diabète, maladies cardio-vasculaires, maladies dégénératives) sont en grande partie la conséquence d'une alimentation trop riche en graisse. Pour éviter ces fléaux modernes, responsables des trois quarts des décès dans les populations occidentales, il est vital d'apprendre à consommer plus d'aliments végétaux. C'est incontestablement l'une des meilleures assurance-maladie qui soit : elle a le grand avantage de ne rien coûter et même de faire faire des économies ! Manger moins de produits animaux et plus de graines germées permet en effet un diminution remarquable du budget alimentaire !

QUESTION : *Peut-on donner des graines germées aux enfants ?*

REPONSE : Les graines germées représentent, dès les premières semaines de la vie, un aliment parfait. Elles apportent aux enfants toutes les substances nécessaires à leur croissance. Lorsque des bébés ne peuvent pas être nourris au sein, on peut leur fabriquer des laits végétaux en broyant des graines germées avec un peu d'eau, ce qui assure un substitut de très haute qualité au lait maternel. Par ailleurs, les graines germées et les jeunes pousses présentent un grand intérêt éducatif : elles offrent des possibilités d'activités à la fois distrayantes et éducatives pour les enfants. Planter, arroser, cultiver et observer le développement d'un petit jardin d'intérieur met l'enfant en contact avec les merveilles de la nature.

QUESTION : *Que faire si l'on trouve des moisissures sur les jeunes pousses ?*

REPONSE : Il arrive que des moisissures apparaissent à la base des jeunes pousses. Elles sont dues à une humidité excessive ou à un manque d'air et sont constituées de champignons qui ne doivent pas être consommés. On peut parfaitement couper les jeunes pousses comestibles au-dessus des moisissures.

QUESTION : *La technique des bocaux est-elle préférable à l'utilisation de germoirs ?*

REPONSE : La graine, lors de sa germination, élimine certaines substances indésirables pour notre corps, en particulier les pesticides naturels qui la protègent. Dans un germoir, le rinçage est souvent imparfait et les graines peuvent moisir ; c'est la raison pour laquelle la technique des bocaux est plus simple, plus économique, donnant de meilleurs résultats. La technique des sacs de toile moustiquaire est encore plus simple : elle permet un excellent rinçage et ne demande que quelques minutes de travail par jour.

QUESTION : *Quels déchets peut-on introduire dans un compost ménager ?*

REPONSE : On évitera les peaux d'oranges, de citrons et de bananes, car leur décomposition est trop lente. Dans un compost fait en appartement, rejeter les déchets d'aliments cuits et de produits animaux qui risquent de fermenter et de produire des odeurs désagréables. De plus, on trouve dans de nombreux produits animaux des antibiotiques qui détruisent la vie microbienne du compost.

QUESTION : *Les graines germées et les jeunes pousses peuvent-elles jouer, au niveau mondial, un rôle dans la lutte contre la faim ?*

REPONSE : Il est extraordinaire de constater qu'avec la même quantité de céréales on peut nourrir vingt fois plus de gens à partir de graines germées qu'à partir de la viande. Si les populations des pays occidentaux diminuaient leur consommation de viande de moitié, on pourrait déjà nourrir plus d'êtres humains qu'il n'y en a sur la terre ! La faim dans le monde n'est pas due à un manque d'aliments mais bien à l'ignorance immense qui règne en matière de nutrition ainsi qu'à des problèmes d'organisation sociale et politique. Dans toutes les civilisations de l'histoire, on s'aperçoit que, lorsque les populations "mangent vivant" et connaissent les méthodes de germination, la santé et la vitalité des peuples est maximale et leur créativité s'épanouit. Lorsque l'alimentation devient toujours plus sophistiquée, raffinée et dévitalisée, les individus s'affaiblissent et la civilisation ne tarde pas à disparaître. Comme l'a dit Brillat-Savarin : "La destinée des nations dépend de la manière dont elles se nourrissent".

Connaître la technique des graines germées c'est, pour les habitants des pays sous-développés, pouvoir se rendre indépendants d'une aide extérieure et se délivrer de la hantise de la faim. Quand on pense que la cuisson détruit la plus grande partie des substances biologiques essentielles contenues dans les aliments, n'est-il pas effarant de voir les femmes des pays sous-développés passer leur journée à chercher du bois pour pouvoir faire cuire leurs aliments et contribuer ainsi à la désertification ? L'enseignement de technologies primaires est une nécessité vitale pour les pays sous-développés autant que pour les pays surdéveloppés. Les uns comme les autres ont besoin de redécouvrir ces moyens d'une extrême simplicité qui permettent de retrouver, dans notre corps, le bien-être que notre mère terrestre a prévu pour nous. Comme il est dit dans l'Evangile Essénien : "Voilà, je vous ai donné chaque plante portant semence se trouvant sur la terre et chaque arbre dont le fruit porte graine ; faites-en votre nourriture !" Et aussi : "Celui qui tue, se tue lui-même, et celui qui mange la chair des animaux abattus mange le corps de la mort".

QUESTION : *Quel est l'intérêt des graines germées pour les animaux domestiques ?*

REPONSE : Beaucoup de chats et de chiens souffrent de troubles de santé dus à la qualité des viandes qui leur sont données. L'élevage des animaux en batteries s'accompagne de l'utilisation d'hormones, d'antibiotiques et de produits chimiques qui font de la viande un aliment pollué qui intoxique les animaux domestiques carnivores.

En leur donnant des graines germées, on peut corriger nombre des troubles dont ils souffrent et les voir, très rapidement, retrouver un poil brillant et un état de santé parfait. Il est même possible d'aller jusqu'à rendre des chats ou des chiens végétariens, en ne les nourrissant que de végétaux. Les graines germées sont particulièrement utiles pour les bêtes qui, à cause des déséquilibres de leur alimentation, présentent des odeurs désagréables. Aucun animal ne refusera les graines germées si on leur donne celles-ci broyées et mélangées en quantité progressives.

QUESTION : *Y a-t-il un inconvénient à ne manger qu'une seule sorte de graines germées ou est-il préférable d'en utiliser plusieurs à la fois ?*

REPONSE : Chacune des graines germées peut parfaitement, à elle seule, apporter à notre corps les éléments vivants essentiels. On peut commencer par utiliser une variété de graines germées, comme le tournesol ou le blé, puis élargir son choix, en se laissant si possible guider, par son odorat et son goût, pour sélectionner les graines qui nous correspondent le mieux à un moment donné.

En matière d'alimentation, l'important est d'être mobile et de faire des expériences personnelles. Ce sont les habitudes répétées qui nous privent de cette capacité d'adaptation qui est le fondement même de la santé. Développer sa vitalité et son bien-être consiste donc à oser sortir des sentiers battus pour découvrir une relation plus directe avec les trésors que la nature prépare pour nous. Plus nous développons, par notre alimentation et notre mode de vie, une relation consciente avec notre corps et le monde qui nous entoure, plus notre santé, notre créativité et notre gaieté nous permettent de vivre toujours plus en harmonie avec l'univers.

AVEC LA QUANTITÉ DE CÉRÉALES QU'IL FAUT POUR NOURRIR

 1 PERSONNE A PARTIR DE VIANDE

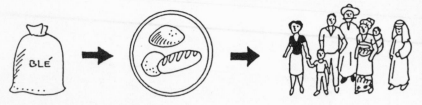

ON PEUT NOURRIR

7 PERSONNES A PARTIR DE PAIN

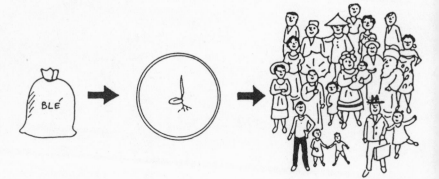

ET PLUS DE

20 PERSONNES A PARTIR DE GRAINES GERMÉES

Annexe 3

Classification des Aliments

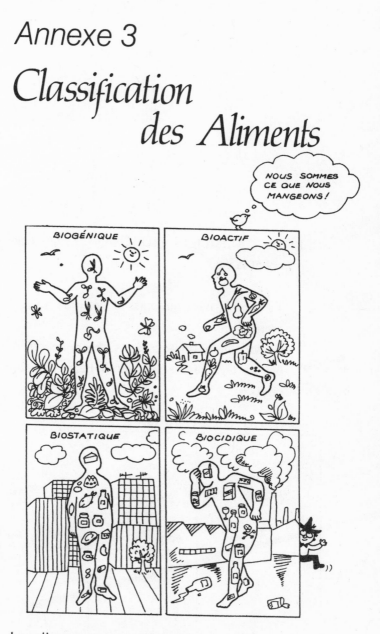

Les aliments peuvent être classés en quatre catégories d'après leur degré de vitalité :

1. Les **ALIMENTS BIOGÉNIQUES**, qui engendrent la vie.

Ils sont la base qualitative idéale de notre alimentation.

Ce sont les graines, céréales, légumineuses, herbes et légumes germés ou à l'état de jeunes pousses.

ALIMENTS BIOGÉNIQUES

SOJA	POIS CHICHE	ALFALFA
BLÉ	TOURNESOL	CRESSON

Au début de leur croissance, les plantes sont d'une extrême richesse en substances qui renforcent la vitalité de nos cellules, et leur permettent une régénération constante (vitamines, minéraux, oligo-éléments, acides aminés, enzymes, hormones végétales, bio-stimulines, etc.).

2. Les ALIMENTS BIOACTIFS, qui activent la vie.

ALIMENTS BIOACTIFS

| GRAINES | FRUITS | FRUITS |
| OLÉAGINEUX | LÉGUMES | BAIES |

Ils sont la base quantitative idéale de notre alimentation.

Ce sont les baies, fruits, herbes, légumes, légumineuses, graines, céréales et oléagineux parve-
nus à maturité et consommés en parfait état,
crus ou trempés.

Les aliments biogéniques et bioactifs forment
la catégorie des ALIMENTS VIVANTS. Ils ont
été prévus par la nature pour assurer la vie et le
bien-être de l'être humain. Leur consommation
apporte vitalité et santé à tout âge.

3. Les ALIMENTS BIOSTATIQUES, qui ralentissent la vie.

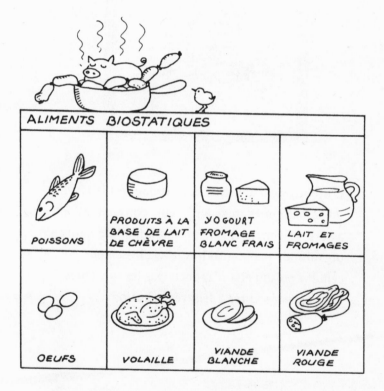

Ils comprennent les aliments dont les forces vitales ont été diminuées par le temps (aliments crus stockés), par le froid (réfrigération, surgélation), ou par la chaleur (cuisson).

L'utilisation d'aliments biostatiques est le résultat d'habitudes sociales. Leur consommation assure le fonctionnement minimum de notre organisme, mais entraîne le vieillissement des cellules puisqu'elle n'apporte pas les substances vivantes nécessaires à leur régénération.

4. Les ALIMENTS BIOCIDIQUES, qui détruisent la vie.

ALIMENTS BIOCIDIQUES

SUCRE	SEL	THÉ	CAFÉ
BOISSONS ALCOOLIQUES	GRAISSES CUITES	GLUTEN	ADDITIFS ET SUBSTITUTS CHIMIQUES

Ils sont devenus prépondérants dans le mode alimentaire occidental.

Ce sont tous les aliments dont les forces vitales ont été détruites par des procédés physiques ou chimiques de raffinage, de conservation ou de préparation.

Les aliments biocidiques ont été inventés par l'homme pour sa perte. Ils empoisonnent peu à peu ses cellules par les substances nocives qu'ils contiennent.

Il faut savoir que même à faible dose tout produit chimique ajouté aux aliments est toxi-

que. Les procédés modernes d'agriculture et de traitement industriel des aliments apportent à notre corps des substances qui paralysent notre instinct alimentaire, perturbent notre assimilation et bloquent notre élimination.

Ils affaiblissent peu à peu notre système de défense, sont la cause de multiples troubles de santé et ouvrent la porte aux maladies dites de civilisation (maladies cardio-vasculaires, cancers, rhumatismes, diabètes et autres maladies dégénératives, maladies mentales).

CLASSIFICATION DES ALIMENTS, d'après leur vitalité, leur digestibilité et leur effet général :

1 — ALIMENTS A HAUTE VITALITÉ

- faciles à digérer
- soutenant les mécanismes de détoxication du corps

1a. ALIMENTS BIOGÉNIQUES

Graines, céréales et féculents en germination, jeunes pousses.

1b. ALIMENTS BIOACTIFS

Baies, fruits, graines, oléagineux crus.

2 – ALIMENTS A FAIBLE VITALITÉ

- demandant un important travail digestif
- encrassant l'organisme

2a. ALIMENTS BIOSTATIQUES (par ordre croissant de travail digestif)

- poissons, fruits de mer
- produits à base de lait de chèvre
- yoghourts, fromage blanc frais
- lait et fromages
- œufs
- volaille
- viandes blanches
- viandes rouges

2b. ALIMENTS BIOCIDIQUES

Sucre, sel, cacao, thé, café, alcool, graisses cuites, gluten, additifs et substituts chimiques.

Annexe 4

Valeur nutritive des graines germées et des jeunes pousses

ANALYSE DE 100 G DE POUSSES DE LUZERNE DÉSHYDRATÉES

Vitamines :

A	jusqu'à 44.000 u.i.
D	1040 u.i.
E	50 u.i.
K	15 u.i.
C	176 mg
B1	0,8 mg
B2	1,8 mg
B6	1,0 mg
B12	0,3 mg
Niacine	5 mg
Acide panthothénique	3,3 mg
Inositol	210 mg
Biotine	0,33 mg
Acide folique	0,8 mg

Autres substances :

Fibres	25 %
Protéines	20 %
Gras solubles	3 %

Minéraux :

Phosphore	250 mg
Calcium	1750 mg
Potassium	2000 mg
Sodium	150 mg
Chlore	280 mg
Soufre	290 mg
Magnésium	310 mg
Cuivre	2 mg
Manganèse	5 mg
Fer	35 mg
Cobalt	2,4 mg
Bore	4,7 mg
Molybdène	2,6 ppm

Autres minéraux (traces) :
Nickel
Strontium
Plomb
Paladium

u.i. : unités internationales / ppm : parties par million / mg : milligramme / mcg : microgramme

Extrait de : Gelineau (C.) : *"La germination dans l'alimentation"*, Gélineau Claude-Sherbrooke, 1978 - Bibliothèque nationale du Québec et Bibliothèque nationale du Canada.

VALEUR NUTRITIVE POUR 100 G DE POUSSES D'HARICOT MUNGO :

Calcium	10 mg
Carotène	25 u.i.
Graisses	0,1 mg
Fer	2,0 mg
Acide nicotine Phosphates	52 mg
Protéines	2.8 mg
Sodium	6 mg
Sucre	1.3 mg
Vitamine A	8 u.i.
Vitamine B1	0.15 mg
Vitamine B2	0.06 mg
Vitamine C	30 mg

Analyse approximative : 100 %

Humidité	5,27 %
Graisses	48,44 %
Protéines	28,20 %

COMPOSITION DES GRAINES DE TOURNESOL DÉCORTIQUÉES :

Valeur minérale :

Calcium	57 mg
Cobalt	64 ppm
Iode	20 ppm
Cuivre	20 ppm
Fer	7 mg
Fluorine	2,6 ppm
Magnésium	347 mg
Phosphore	860 mg
Potassium	630 mg
Sodium	0,4 mg
Zinc	66,6 ppm

Résidus	3,64 %
Fibres brutes	2,47 %
Hydrates de carbone	12,18 %

Vitamine C

TENEUR EN VITAMINE C
DE GRAINES DE LÉGUMINEUSES EN COURS DE GERMINATION

Temps de germination	Teneur en vitamine C
Non germées	Traces
Après 24 heures de germination	7 à 8 mg/100 g
Après 48 heures de germination	10 à 12 mg/100 g
Après 72 heures de germination	12 à 14 mg/100 g

Extrait de : KULYINSKAS (Y.), *"Sprout for the love of everybody"*, Omangop Press, 21st Century Punlication P.U.F. Fairfield, 52556, USA, 1978.

Reproduit dans : AUBERT (C.), *''Onze questions clefs sur l'agriculture, l'alimentation, la santé et le tiers-monde''*, Terre Vivante, Paris, 1983.

Dr Bailey (University of Minnesota) : la vitamine C du blé germé augmente de 600 % dans les premières journées de germination et la vitamine E triple en 4 jours. La vitamine E est reconue pour jouer un rôle important dans la fertilité des individus.

Dr Ralph Bogart (Kansas Agricultural Experimental Station) : dans 40 g de graines germées d'avoine on trouve 15 mg de vitamine C, soit plus que dans une quantité correspondante de melon, de cassis ou de myrtilles.

Dr Andrea (McGill University) : dans 110 g de pois germés se trouvent 30 mg de vitamine C, quantité comparable à la teneur en vitamine C du jus d'orange.

Dr Berry Mack (University of Pennsylvania) : dans les graines germées de soja, après 72 heures, on constate une augmentation de la teneur en vitamine C de 553 %.

TENEUR EN VITAMINE C
DES GRAINES DE SOJA EN COURS DE GERMINATION

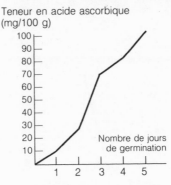

Extrait de : AUBERT (C.) : *Article sur la germination des graines - Les Quatre Saisons du Jardinage* - N° 27, juillet-août 1984.

*TENEUR EN VITAMINES DE GRAINES
AVANT ET APRÈS 5 JOURS DE GERMINATION
(Teneur en mg/kg)*

Espèce	Vitamine B2 (riboflavine)		Vitamine B3 (niacine)	
	Graines non germées	Graines germées	Graines non germées	Graines germées
Orge	1,3	8,3	72	129
Maïs	1,2	3,0	17	40
Avoine	0,6	12,4	11	48
Soja	2,0	9,1	27	49
Haricot de Lima	0,9	4,0	11	41
Haricot Mungo	1,2	10,0	26	70
Pois	0,7	7,3	31	32
Espèce	Vitamine B1 (thiamine)		Vitamine H (biotine)	
Orge		7,9	0,4	1,2
Maïs	6,2	5,5	0,3	0,7
Avoine	10,0	11,5	1,2	1,8
Soja	10,7	9,6	1,1	3,5
Haricot de Lima	4,5	6,2	0,1	0,4
Haricot Mungo	8,8	10,3	0,2	1,0
Pois	7,2	9,2		0,5

*TENEUR EN VITAMINE B12 DE CÉRÉALES
ET DE LÉGUMINEUSES EN COURS DE GERMINATION*

Espèce	Avant germination	Après 2 jours de germination	Après 4 jours de germination
Haricot Mungo	0,61	0,81	1,53
Lentille	0,43	0,42	2,37
Pois	0,36	1,27	2,36

Extrait de AUBERT (C) : *"Onze questions clefs sur l'agriculture, l'alimentation, la santé et le tiers-monde",* Terre Vivante, Paris, 1983.

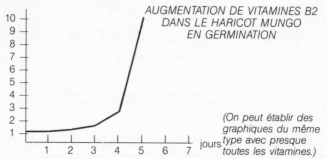

*AUGMENTATION DE VITAMINES B2
DANS LE HARICOT MUNGO
EN GERMINATION*

(On peut établir des graphiques du même type avec presque toutes les vitamines.)

AUGMENTATION DE LA TENEUR EN VITAMINES
GRACE AU PROCESSUS DE GERMINATION,
MESURÉE SUR DU BLÉ GERMÉ DE 5 JOURS

Vitamines :	*Mesurées sous la forme de :*	*Augmentation en % par rapport à la céréale non germée*
B1	Thiamine	jusqu'à 20
B2	Riboflavine	300
PP	Niacine	10-25
Acide pantothénique		40-50
B6	Pyridoxine	200
C	Acide ascorbique	500
A	Carotène	225

Extrait de : WATZL (B.) : Article de l'*"Institut für Ernährungswissenschaft"*, Giessen, 1982.

EFFET DE LA GERMINATION
SUR LA TENEUR EN VITAMINE B12 DES LÉGUMINEUSES

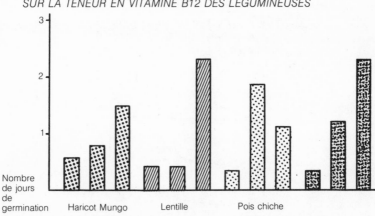

Les teneurs en vitamines B2, B12 et PP sont multipliées par 2 à 10.

Extrait de : AUBERT (C.) - Article sur la germination des graines - Les Quatre Saisons du Jardinage - N° 27, juillet-août 1984.

Dr Paul Burkholder (Vale University) : la qualité de vitamine B des graines d'avoine germées augmente de plus de 1300 % ; quand les jeunes pousses vertes surgissent hors des graines germées, l'augmentation est de plus de 2000 %. Le Dr Burkholder a également constaté les augmentations suivantes : pyridoxine (vitamine B6), 500 % ; acide pantothénique : 200 % ; acide folique : 600 % ; biotine : 50 % ; inositol : 100 % ; acide nocotinique : 500 %.

Extrait de : E. BORDEAUX-SZEKELY (E.) : *"La vie biogénique"* - Editions Soleil, 1982, Genève.

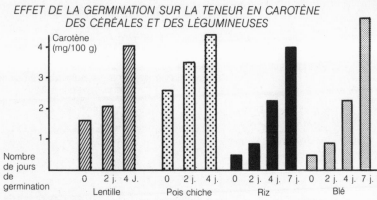

EFFET DE LA GERMINATION SUR LA TENEUR EN CAROTÈNE DES CÉRÉALES ET DES LÉGUMINEUSES

La teneur du blé et du riz en carotène (provitamine A) est multipliée par 10 en 7 jours.

Extrait de : AUBERT (C.) - Article sur la germination des graines - Les Quatre Saisons du Jardinage - N° 27, juillet-août 1984.

AUGMENTATION DU CAROTÈNE (PRÉCURSEUR DE LA VITAMINE A) DANS DIVERSES GRAINES

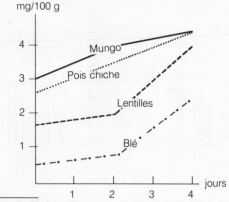

Extrait de : Dr SOLEIL : *"Graines germées et jeunes pousses"* - Editions Soleil, 1985, Genève.

Des études d'origine asiatique* montrent que des fèves de soja Bonsey mises à germer à 28 °C dans un endroit sombre doublent la teneur en carotène en 48 heures ; elle augmente de 280 % en 54 h et de 370 % en 72 h. La riboflavine augmente de 100 % après 54 h et l'acide nicotinique double en 72 h.

* Wai, Tso, Bishop, Mack, Cotton, "Plant Physiology" 22 : 117, 1947.

Extrait de : GELINEAU (C.) : *"La germination dans l'alimentation"*, Gélineau Claude-Sherbrooke, 1978. Bibliothèque nationale du Québec et bibliothèque nationale du Canada.

ACIDES AMINÉS DANS LES PROTÉINES DU TOURNESOL

Arginine	7,2 %
Histidine	2,1 %
Lysine	4,4 %
Tryptophane	1,5 %
Phenylalanine	4,0 %
Méthionine	3,5 %
Thréonine	5,9 %

Extrait de WIGMORE (A.) : *"Healthy Children - nature's way"*, Institut Hippocrate, Boston.

TENEUR EN LYSINE UTILISABLE DES CÉRÉALES AVANT ET APRÈS GERMINATION

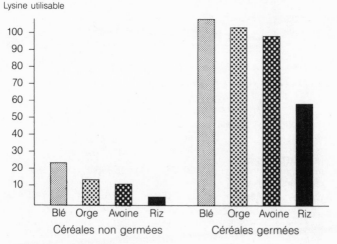

Extrait de : AUBERT (C.) : *Article sur la germination des graines - Les Quatre Saisons du Jardinage*, N° 27, Juillet-Aôut 1984.

DIMINUTION DE L'AMIDON
ET AUGMENTATION DES SUCRES SIMPLES (DONT LA DEXTRINE)
PENDANT LA GERMINATION DU BLÉ

Extrait de : Dr SOLEIL, *Graines germées, jeunes pousses* - Ed. Soleil, Genève, 1985

* *

PRODUCTION DE CALCIUM
DANS LA GRAINE D'AVOINE EN GERMINATION
(pour une végétation poursuivie pendant environ 6 semaines)

Variétés	Noire du Prieuré	Panache De Roye	Nuprimé
Poids d'une graine (moyenne de plusieurs lots)	37,125	25,885	21,685
Ca, dans les témoins	0,0348	0,0263	0,02165
Ca, dans les plantules	0,155	0,106	0,100
Soit une augmentation de Ca de	316 %	351 %	367 %

Extrait de : KERYRAN (C.L.) : *"Transmutations à faible énergie",* Librairie Maloine S.A., Paris, 1972.

On trouve par ailleurs dans le blé en germination les transformations suivantes :

	Phosphore	Magnésium	Calcium
Grain entier	423 mg %	133 mg %	45 mg %
Grain entier germé	1050 mg %	342 mg %	71 mg %

(A titre indicatif, le pain blanc contient environ : 86 mg de phosphore, 0,5 mg de magnésium, 14 mg de calcium).

Extrait de : CAYLA (M.) : *"Découvrez les graines germées",* Nature et Progrès, Paris, 1983.

BIBLIOGRAPHIE

Français :

1. "Ces étonnantes graines germées" - Max Labbé.

   Petite brochure contenant quelques informations sur les graines germées, éditée par un fabricant de germoirs.

2. "Découvrez les graines germées" - Michel Cayla, Nature et Progrès.

   Livre assez complet, inspiré de celui de Kulvinskas (voir 7). Plusieurs erreurs dans les indications pratiques.

3. "La germination dans l'alimentation" - Claude Gélineau, Polygraff.

   Livre de présentation agréable qui explique non seulement la technique, mais aussi les concepts généraux du jardinage d'intérieur.

4. "La vie biogénique" - Dr Bordeaux-Szekely, Ed. Soleil.

   Livre de référence très complet, qui situe les graines germées dans leur contexte historique, philosophique et nutritionnel.

5. "Apprendre à se nourrir" - Ed. Soleil.

   Les principes de base d'une alimentation saine; la synthèse de toutes les écoles diététiques; les ressources de l'alimentation vivante.

Anglais :

6. "Love the sunshine in with sprouts" - Sita Ananda, Better Health Publications.

   Livre très complet avec beaucoup de petits trucs pratiques, de recettes et de dessins.

7. "Sprouts for the love of everybody" - Viktoras Kulvinskas, Amangod Press.

   L'un des livres de base sur les graines germées et les jeunes pousses. Information détaillée sur la valeur nutritionnelle de ces aliments.

8. "Successful sprouting" - Frank Wilson, thompson Publishers.

   Petit livre moins détaillé mais traitant de sujets intéressants, telle la germination industrielle.

9. "The miracle of sprouting" - Stephen Blauer, Green Grown Publications.

   Livre simple et clair. Présente tous les éléments de base de la germination.

10. "Be your own doctor" - Ann Wigmore, Hippocrates Health Institute.

    Livre très complet qui présente les graines germées dans le contexte plus large de la "santé totale".

11. "The complete sprouting book" - Per and Gita Sellmann, Turnstone Press.

    Bon livre pratique avec beaucoup de recettes.

Et, pour terminer, une belle histoire ! ...

LE GRAIN DE BLÉ DE ZARATHOUSTRA

Il y a bien longtemps le roi de Perse, Vishtaspa, s'en revenait d'une campagne militaire victorieuse. Passant près de l'endroit où Zarathoustra vivait avec ses disciples, il décida de rendre visite à ce fameux sage dont le nom était connu de chaque Persan. Le roi voulait voir si Zarathoustra pouvait répondre aux questions auxquelles les gens de sa cour ne pouvaient répondre.

Le roi et sa suite s'approchèrent du lieu où vivait Zarathoustra et aperçurent un homme qui paraissait être un maître, entouré d'un groupe de disciples, au milieu d'un jardin potager. Le roi dit à Zarathoustra :

- Grand Zarathoustra, je suis venu te voir afin que tu m'expliques les lois de la nature et de l'univers. Si tu es un homme aussi sage que le déclare mon peuple, tu vas certainement pouvoir le faire rapidement. Je ne puis en effet m'attarder ici car d'importantes affaires d'état m'attendent au palais.

Zarathoustra regarda le roi puis prit un grain de blé et le lui donna.

- Dans ce petit grain de blé, déclara-t-il, sont contenues toutes les lois de l'univers et les forces de la nature.

Le roi fut étonné par cette réponse qu'il ne comprit pas. Lorsqu'il vit, sur les visages de ceux qui l'entouraient, s'esquisser des sourires, il devint si furieux qu'il jeta le grain de blé loin de lui, pensant que Zarathoustra se moquait de lui. Et il s'écria :

- Je te croyais un homme sage, un grand philosophe, mais je vois maintenant que tu es un homme stupide et têtu, cachant son ignorance sous des manières déraisonnables. J'ai été fou de perdre mon temps à venir te voir.

Et il tourna les talons pour regagner son palais. Zarathoustra ramassa le grain de blé et dit à ses disciples :

- Je vais garder ce grain de blé, car un jour viendra où le roi aura besoin de ce maître.

Les années passèrent. Le roi connaissait, dans son palais, une vie de luxe et d'apparent bonheur ; mais la nuit, lorsqu'il allait se coucher, d'étranges pensées lui troublaient l'esprit : «Je vis dans le luxe et l'abondance mais, tout près, des multitudes de gens connaissent la misère, le froid et la faim. Pourquoi suis-je roi ? Pourquoi ai-je pouvoir sur tous les êtres de mon empire ? Pourquoi des gens sont-ils pauvres et souffrent-ils ? Pendant combien de temps encore pourrai-je jouir de cette abondance et de ce pouvoir ? Que m'arrivera-t-il quand je mourrai ? Mon pouvoir et mes richesses, à quoi me serviront-ils lorsque je serai étendu dans la tombe ? Qu'adviendra-t-il de moi lorsque mon corps deviendra poussière et nourriture pour les vers ? Restera-t-il quelque chose de ma vie ou tout sera-t-il perdu ? Si je revis, s'agira-t-il encore de moi ou serai-je quelqu'un d'absolument différent ? Aurai-je le même pouvoir que dans ma vie présente ou serai-je un vagabond sans lieu pour poser sa tête, exposé aux duretés de la nature et aux luttes pour le pain quotidien ? Que s'est-il passé pour moi avant que je ne vienne vivre cette vie ? Vivais-je auparavant dans ce pays ou dans un autre ? Ou bien est-ce la première fois que je suis né ? Comment la vie a-t-elle commencé ? Comment le monde a-t-il été créé ? Qu'y avait-il avant que la vie n'apparaisse ? Est-ce Dieu qui a créé l'univers ? Et Dieu, qui l'a créé ? Qu'existait-il avant le temps ? L'éternité existe-t-elle ? Si elle existe, comment pouvons-nous la concevoir ? Ainsi se tourmentait le roi chaque nuit et souvent il ne trouvait le sommeil qu'au petit matin.

Personne dans le palais ne pouvait répondre à ces questions. Pendant ce temps la renommée de Zarathoustra grandissait. Le roi apprenait que de nombreux disciples venaient, souvent même de fort loin, pour voir le maître et il avait malgré tout l'impression que cet homme pouvait l'aider à résoudre ses problèmes. Mettant sa fierté de côté, il envoya une caravane chargée d'offrandes à Zarathoustra avec ce message : «Je regrette de t'avoir demandé avec jeunesse et impatience, de m'expliquer les grands problèmes de l'existence en quelques minutes. J'ai changé et ne cherche plus l'impossible.

Je suis profondément désireux de comprendre les lois de l'univers et les forces de la nature ; viens dans mon palais, je t'en supplie, ou si cela n'est pas possible, envoie-moi le meilleur de tes disciples en sorte qu'il puisse répondre aux questions qui me tourmentent.»

Quelque temps après, la caravane fut de retour au palais. On annonça au roi que Zarathoustra lui retournait les offrandes envoyées. Pour un jardinier, avait dit Zarathoustra, de telles offrandes n'ont aucune utilité, mais il avait été content de pouvoir garder les toiles d'emballage qui lui seraient utiles pour protéger ses arbres contre le froid de l'hiver. Zarathoustra avait envoyé au roi un cadeau, enveloppé dans une feuille, en priant le messager de dire au roi que ce présent était le Maître qui pourrait tout lui enseigner sur les forces de la nature et les lois de l'univers. «Je ne t'envoie pas un de mes disciples, avait dit Zarathoustra, mais mon propre maître, celui qui m'enseigna tout ce que je sais à propos des lois de la vie. Je suis sûr que tu seras apte à apprendre ce que mon maître est apte à t'enseigner». Le roi demanda où se trouvait ce maître et le messager lui remit le cadeau enveloppé dans une feuille : dans celle-ci le roi retrouva le même grain de blé que Zarathoustra lui avait donné auparavant. Il fut très troublé par ce grain de blé et pensa qu'il y avait peut-être quelque chose de mystérieux et de magique à l'intérieur de ce grain. Il le mit alors dans une boîte en or et le cacha parmi ses trésors. Presque chaque jour il le regardait, espérant quelque miracle, attendant qu'il se transforme en quelque chose ou en quelqu'un qui pourrait lui enseigner tout ce qu'il cherchait à comprendre.

Les mois passèrent sans que rien ne survienne. Finalement le roi perdit patience et dit :

- Zarathoustra m'a encore déçu. Il se moque de moi et ne peut répondre à mes questions. Je veux lui montrer que je parviendrai sans son aide à trouver les réponses que je cherche.

Et il envoya vers le grand philosophe indien Tchengregasha, une caravane porteuse des mêmes cadeaux magnifiques qu'il avait voulu naguère offrir à Zarathoustra.

Après plusieurs mois les messagers revinrent, annonçant que le philosophe avait consenti à venir. Le roi fut si content qu'il donna des festivités en l'honneur de son hôte et le remercia chaleureusement d'avoir fait un si long voyage. En réponse Tchengregasha lui dit :

- Je suis très honoré d'être auprès de vous, mais franchement je dois vous dire que je suis surtout venu dans votre pays pour pouvoir rencontrer le grand Zarathoustra, dont j'ai entendu parler en de nombreuses occasions. En vérité, je ne sais pas pourquoi vous avez besoin de moi, alors que vous êtes si près de celui qui en sait certainement beaucoup plus que moi.

Le roi prit alors la boîte en or qui contenait le grain de blé et répondit :

- J'ai demandé à Zarathoustra de m'enseigner et regarde ce qu'il m'a envoyé ! Il m'a dit que ce grain de blé était le maître qui devrait m'enseigner les lois de l'univers et les forces de la nature. N'est-ce pas ridicule ? Comment expliquer que Zarathoustra ait pu dire une telle sottise ?

Tchengregasha regarda longtemps le grain de blé ; le silence fut profond dans le palais tandis qu'il méditait. Puis il dit :

- Je ne regrette pas les longs mois de voyage que j'ai faits. Je sais maintenant que Zarathoustra est vraiment le grand maître que j'ai cru qu'il était. Ce minuscule grain de blé peut nous enseigner les lois de l'univers et les forces de la nature, car il les contient à l'intérieur de lui-même. Mais de même que vous ne devez pas garder ce grain de blé dans une boîte en or si vous voulez trouver réponse aux questions qui vous troublent, de même vous devez éviter de rester dans ce palais luxueux ; si vous plantez ce grain dans la terre à laquelle il appartient et le mettez en contact avec le sol, la pluie, l'air, le soleil et la lumière de la lune et des étoiles, alors tel un univers entier, il commencera à pousser de plus en plus. Vous devez aller dans votre jardin pour être au contact des forces de la nature, pour être en relation avec tout ce qui vit.

Comme des sources inépuisables d'énergie coulent vers le grain de blé planté dans la terre, de même d'innombrables ressources de compréhension et de savoir couleront vers vous, jusqu'à ce que vous ne fassiez plus qu'un avec la nature et l'univers qui vous entoure. Si vous observez la croissance de ce grain minuscule, vous comprendrez qu'il contient un pouvoir mystérieux, le pouvoir de la vie. Si vous regardez suffisamment longtemps, vous verrez que le grain disparaît, et est bientôt remplacé par une plante qui triomphe de tous les obstacles et pousse de plus en plus parce qu'elle contient la vie à l'intérieur d'elle-même. Si vous jetez un caillou en l'air, il retombera sur le sol ; il n'a pas ce pouvoir mystérieux de la vie qui permet à la plante de pousser et de triompher sans cesse de la mort. Dès le moment où le grain germe et que la plante croît vers le soleil, il y a une victoire contre la mort.

Tout ce que vous dites est vrai, répondit le roi, mais la plante finira bien par mourir et se dissoudre dans la terre ?

Non, car elle aura auparavant fait acte de création, se transformant elle-même en des centaines de grains qui sont chacun comme le premier, dit le philosophe. Le minuscule grain a disparu en devenant plante et vous aussi, en grandissant, vous vous transformerez en quelqu'un d'autre. Une grande vérité semble disparaître lorsqu'elle se transforme en quelque chose de différent... mais en fait elle ne fait que revenir avec une force accrue, comme les cent grains qui remplacent le premier. Vous aussi cesserez un jour d'être ce que vous êtes pour devenir une personnalité beaucoup plus riche, en accord avec la loi qui dit que la vie crée toujours plus de vie, la vérité toujours plus de vérité, et la graine encore plus de graines. Le grain de blé répond à l'un de vos soucis : il vous enseigne que tout est en mouvement, tout change et se transforme ; que la vie est le résultat de la lutte entre deux forces qui s'opposent. Si vous allez dans votre jardin et regardez la terre, la pluie, le ciel et les étoiles, ils vous enseigneront beaucoup d'autres vérités comme celle-ci.

Le grain de blé est en vérité un grand Maître, nous devrions remercier Zarathoustra de nous l'avoir envoyé. Je propose de partir demain rendre visite à Zarathoustra, afin qu'il puisse nous enseigner encore. Il sera capable de répondre à tous les problèmes qui vous tracassent et je pourrai moi aussi profiter de sa sagesse.

Le roi fut vivement touché par les paroles de Tchengregasha et accepta sa suggestion. Quelques jours après, ils arrivèrent au jardin de Zarathoustra et comprirent tout de suite la méthode que celui-ci utilisait pour enseigner ses disciples : son seul livre était le grand livre de la nature et il apprenait à ses disciples à le lire.

Les deux visiteurs découvrirent encore une autre grande vérité dans le jardin de Zarathoustra : qu'en vivant de façon simple et naturelle, la force totale du développement individuel manifeste pleinement sa créativité et son dynamisme.

Pendant toute une année ils apprirent à lire les lois de la vie dans le grand livre de la nature. Puis le roi retourna dans sa ville en demandant à Zarathoustra d'écrire l'essentiel de son enseignement : ainsi fut créé le ZEND-AVESTA, qui fut le fondement de la religion officielle de la Perse. Tchengregasha retourna aux Indes. Étant poète autant que philosophe, il résuma tout ce qu'il avait appris avec Zarathoustra dans les hymnes du RIG VÉDA, un autre des grands livres sacrés de l'Orient.

La Perse devint une grande nation, se développant avec harmonie aussi longtemps qu'elle suivit les enseignements profonds et simples de Zarathoustra, aussi longtemps que le mode de vie du peuple fut naturel, sobre et créatif, en accord avec les enseignements du Zend Avesta. Lorsque, comme toutes les puissances à leur apogée, la Perse s'écarta d'un mode de vie simple et patriarcal et que l'excès de richesses développa la paresse... la Perse succomba devant les armées d'une nation guerrière en plein développement, qui tirait sa force de la même pureté et de la même simplicité de vie qui fut, naguère, la base de l'énergie persane.

Tel est le cycle qui se perpétue constamment à travers l'histoire universelle. Le destin de l'individu, comme celui de la nation, est toujours déterminé par son degré d'harmonie avec les forces de la nature, les lois de la vie et de l'univers.

Extrait traduit de «The Essene Teachings of Zarathustra» — E. Bordeaux-Szekely. C-IBS-International Cartago, Costa-Rica.

APPRENDRE
A SE NOURRIR

Dr Soleil

Sous une forme attrayante, toutes les informations pour une alimentation vivante et variée, libérée de la contrainte des régimes rigoureux comme de la culpabilité des erreurs répétées, préjudiciables à notre santé. Ce livre propose en outre une classification qui permet d'évaluer les aliments selon leur degré de vitalité. Savourons parfois le plaisir du connu et apprenons à d'autres moments de nouvelles façons de nous nourrir pour nous offrir la vitalité et le bien-être d'un organisme régénéré !

132 pages / illustré

> UNE SYNTHÈSE CLAIRE DE
> TOUTES LES ECOLES DIÉTÉTIQUES

APPRENDRE
A SE
DETOXIQUER

Dr Soleil

Notre équilibre personnel peut se maintenir même dans des conditions défavorables si nos organes d'élimination fonctionnent bien. Tant que l'apport de toxines reste dans les limites de notre capacité de détoxication, notre bien-être est assuré. Dès que nous absorbons trop de substances dévitalisées ou nocives, nous nous intoxiquons et souffrons de troubles de plus en plus importants. Ne les subissons pas plus longtemps, alors qu'il existe des méthodes faciles pour "nettoyer" notre organisme !

118 pages / illustré

MANGER "SOLEIL"

Dr Soleil

Ce livre de recettes d'alimentation vivante est le fruit de dix années d'expérience dans les "Déjeuners de Soleil" et dans les ateliers de nutrition de la Fondation Soleil.

Il est possible d'évaluer les aliments selon leur apport quantitatif, mais il existe aussi une autre méthode : celle de l'approche qualitative qui privilégie leur potentiel de vitalité. Et les graines germées, les jeunes pousses, les fruits et les légumes crus en regorgent.

A nous de les utiliser dans notre cuisine quotidienne !

Manger "Soleil" vous propose des recettes variées, originales, économiques et attrayantes qui renouvelleront votre conception de la cuisine.

Elles sont excellentes pour votre palais et votre santé !

Illustré.

Dr Soleil

Manger «Soleil»

Recettes d'alimentation vivante

Editions Soleil

EN TOUTE SAISON,
MANGEZ SOLEIL !

GUIDE DES RÉGIMES

Dr Soleil

Considérés du point de vue de l'individu à la recherche de l'alimentation qui lui convient personnellement, les divers régimes ne sont plus contradictoires. Ils offrent la richesse d'un éventail de possibilités complémentaires. Le *Guide des Régimes* les présente avec leurs avantages, leurs inconvénients et leurs effets sur la santé, afin d'informer le lecteur et de l'aider à s'orienter.

Illustré.

SOMMAIRE

Introduction
Historique
Traditions
Végétarisme
Végétalisme
Macrobiotique
Alimentation lacto-fermentée
La méthode Kousmine
Combinaisons alimentaires
Crudivorisme
Instinctothérapie
Alimentation vivante
Jeûne
Alimentation subtile
Fletcherisme
Alimentation et radiations
Alimentation sauvage
Alimentation mégavitaminée
Compléments alimentaires
Paul Carton
Roy Walford
Régimes amaigrissants
Alimentation et comportement
Synthèse de la Fondation Soleil

TECHNIQUES DE VISUALISATION CRÉATRICE

Shakti Gawain

Votre imagination vous permet de créer une image précise de ce que vous désirez, puis de soutenir cette image par l'énergie positive de votre attention jusqu'à ce qu'elle devienne une réalité objective. Utilisez cette puissance pour créer ce que vous désirez : amour, joie, relations satisfaisantes, travail gratifiant, santé, beauté, prospérité... Vous pourrez choisir ce que vous voulez vivre au lieu de subir des situations où vous dépendez d'autrui ou de vos conditionnements. La visualisation créatrice vous ouvre les portes de l'abondance naturelle de la vie.

192 pages / FS 22.– / FF 82.–

CASSETTES

Ces cassettes vous permettront de pratiquer la visualisation créatrice.

LA PENSÉE POSITIVE (S-009).
Deux cassettes de 60 min.
La pensée positive est un instrument exceptionnel pour se transformer, dépasser ses limitations et mettre en œuvre de nouveaux programmes de pensée. L'usage de cette cassette vous donne un exemple précis d'application des techniques de la visualisation créatrice.

Exercices de relaxation et de voyage intérieur.

LA GROTTE DE CRISTAL (S-027-R)
Le voyage commence par un exercice de détente physique profonde, puis vous êtes invités à visualiser un alpage en écoutant les sons graves du cor des Alpes. Ensuite, vous pénétrez dans la montagne...

LES GRENOUILLES (S-028-R)
C'est la nuit. Vous entendez au loin chanter des grenouilles. Vous vous approchez. Un hamac vous attend et vous vous y endormez. Votre conscience reste éveillée et part explorer l'univers des étoiles.

A TRAVERS L'EAU, LA TERRE ET LE SOLEIL (S-020-R)
Explorez les ressources puissantes d'une harmonisation avec les éléments de la nature tout en faisant l'expérience de niveaux de conscience profonds.

LE VIEIL HOMME DE LA FORET (S-032)
Exercice d'imagination et de voyage intérieur pour découvrir ses forces profondes de guérison et de sagesse.

AIMER C'EST SE LIBÉRER DE LA PEUR

Dr. Gerald Jampolsky

GUIDE DU BONHEUR EN 12 LEÇONS, CE LIVRE TRANSFORMERA VOTRE VIE.

"J'étais un psychiatre couronné de succès, qui semblait posséder tout ce qu'il désirait. Mais en moi régnaient le chaos, le vide, le malheur et l'hypocrisie. Un jour, j'entendis une voix intérieure me dire : "Médecin, soigne-toi toi-même : c'est ton chemin vers l'harmonie."

"Il n'y a que deux émotions : l'amour et la peur. La première est notre héritage naturel et l'autre une création de notre esprit. En apprenant à me libérer de la peur, j'ai commencé à faire l'expérience d'une paix que je n'aurais jamais crue possible."

G.G. Jampolsky.

L'ESSENCE DE VOTRE ÊTRE, C'EST L'AMOUR. UN MÉDECIN AMÉRICAIN, CÉLÈBRE PAR SES LIVRES ET SES INTERVENTIONS A LA TÉLÉVISION, VOUS RÉVÈLE LES SECRETS D'UNE VIE OU LE BONHEUR ET LA LIBERTÉ DEVIENNENT VOTRE RÉALITÉ DE CHAQUE INSTANT.

JOIGNEZ-VOUS AUX CENTAINES DE MILLIERS DE LECTEURS POUR QUI CE BEST-SELLER CONSTITUE UN MERVEILLEUX GUIDE.

154 pages / illustré

BEST-SELLER AUX U.S.A.

Aimer c'est se Libérer de la Peur

Docteur Gerald Jampolsky

Editions Soleil

ON DIT QUE L'AMOUR FAIT DES MIRACLES. ET SI C'ÉTAIT VRAI ?